BAUSTEINE

Lesebuch

4

Erarbeitet von
Hannelore Daubert, Michelle Ferber,
Susan Krull, Ingrid Messelken
und Regina Sievert

Diesterweg

Inhalt

Mein Buch

Suche die Bilder
und Wörter im Buch.
Schreibe die
Lösungswörter
in dein Heft.

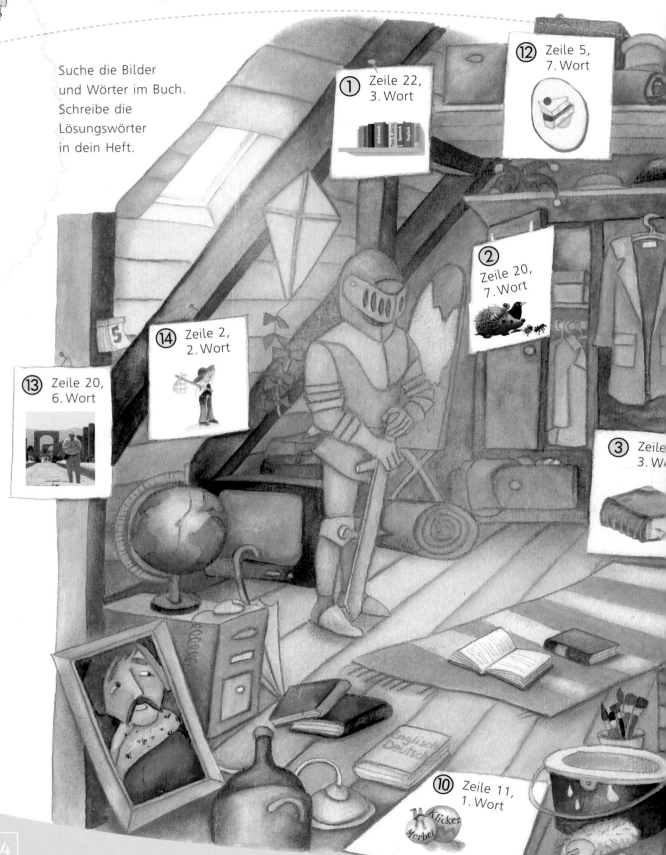

① Zeile 22,
3. Wort

② Zeile 20,
7. Wort

③ Zeile
3. W

⑩ Zeile 11,
1. Wort

⑫ Zeile 5,
7. Wort

⑬ Zeile 20,
6. Wort

⑭ Zeile 2,
2. Wort

⑥ Zeile 2, 1. Wort

⑨ Zeile 7, 8. Wort

⑦ Zeile 15, 5. Wort

⑤ Zeile 5, 4. Wort

⑧ Zeile 19, 1. Wort

④ Zeile 4, 8. Wort

⑪ Zeile 11, 7. Wort

Mit diesen Texten kannst du das Lesen besonders gut üben.

Zu diesen Texten gibt es ein ganzes Buch.

Zu diesen Texten kannst du die CD hören.

Viele Sprachen

Franz Wilhelm Seiwert

alle Wörter auf Erden
mussten erfunden werden
später geschah es
dass einer sie schrieb
wie sie entstanden
geheimnisvoll blieb

wer sprach etwas vor
was sprach sich herum
wie einigten sich die Leute
niemand kann das erklären
bis heute

Walther Petri

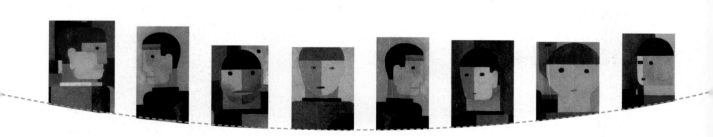

Ferienbekanntschaften

Es war im letzten Sommer in Spanien in einem großen Hotel.

Die Gäste kamen aus vielen Ländern, und die meisten konnten einander nicht verstehen.

Am ersten Ferientag hatten sich die Kinder gleich morgens vor dem Hotel

5 getroffen. Kati aus Deutschland fragte: „Was macht ihr heute?"

Aber das verstanden die anderen nicht. Und Kati fragte weiter: „Kommt ihr mit zum Strand? Geht ihr mit zum Schwimmen?"

„Ah", sagte Tom aus England, „swimming." Mona aus Dänemark kam das bekannt vor, und sie fragte: „Svømning?" „Aha", rief Jan aus Holland,

10 „zwemmen." Er nickte begeistert und zeigte auf das Meer.

Da verstand Manuel aus Spanien, was gemeint war. Er nickte und sagte: „Natación!" Das ist Spanisch. Es hört sich zwar ganz anders an als schwimmen oder swimming oder svømning, aber es bedeutet das Gleiche. Nicole aus Frankreich hatte bis jetzt nicht gewusst, was die anderen Kinder

15 wollten.

Aber nun lachte sie und rief: „Natation!" Gina aus Italien dachte einen Augenblick lang nach: Dann machte sie eine Schwimmbewegung mit den Armen und fragte: „Nuotare?"

„Oui", rief Nicole. „Si", rief Manuel. „Ja", rief Jan. „Ja", riefen auch

20 Mona und Kati. Tom hatte sich inzwischen schon Schuhe und Strümpfe ausgezogen. „Yes, swimming!", rief er und lief zum Strand. Und die anderen liefen lachend hinterher.

Wilhelm Topsch

Ein Brief aus Athen

Lieber Simon,

jetzt leben wir schon zwei Monate hier, und ich habe immer
noch ein wenig Heimweh, obwohl vieles hier sehr interessant ist.
In der deutschen Schule gefällt es mir gut. Ich mache auch
gute Fortschritte beim Griechischlernen.

5   Gestern gingen mein Bruder und ich auf den Markt. Wir sollten
Zutaten für einen Bauernsalat holen: σαλάτα (das wird salata
ausgesprochen), ελιές (eliess), ντομάτες (domatess), αγγούρι (anguhri)
und etwas φέτα (feta) und ψωμί (psomi).
Da hat uns plötzlich ein Mädchen auf Deutsch angesprochen

10   und gefragt, ob wir aus Deutschland kommen. Wahrscheinlich
hat sie gehört, wie ich mich mit Christian unterhalten habe.
Sie heißt Anastasia und ist sehr nett. Sie hat erzählt,
dass sie mit ihren Eltern zwei Jahre
in Deutschland gelebt hat. Am Anfang

15   hat sie auch kein Wort verstanden.
Es hat ihr aber gut in Deutschland gefallen.
Stell dir vor, sie hat auch Heimweh gehabt
wie ich. Der Salat ist übrigens
lecker geworden, nur blöd, dass
wir vergessen haben, die ντομάτες

20   zu kaufen. Morgen gehen wir
auf die Akropolis!
Darüber schreib ich Dir
beim nächsten Mal.

Mach's gut
und schreib auch bald wieder!

Dein Philip

Eine Murmel – viele Wörter

In der ganzen Welt spielen Kinder mit Murmeln. Das war
schon immer so. In einem ägyptischen Kindergrab fand man
kleine Kugeln aus Halbedelstein. Sie sind 5000 Jahre alt.
Das Murmelspiel ist sehr alt und bei Kindern in der ganzen

5 Welt beliebt. Oft denken sich die Kinder für ihr Murmelspiel
ganz spezielle Regeln aus.
Die meisten Murmeln entstehen in der Fabrik und sind aus
Glas, Ton oder Kunststoff. Nur wenige sind aus Marmor, wie
ihr Name sagt. Manchmal basteln Kinder sogar in der Schule

10 ihre eigenen Butzer, Dötze, Heuer, Klicker ... Die Murmel hat
rund 200 deutsche Namen. Dazu kommen die Bezeichnungen
aus anderen Ländern. Obwohl es für die kleinen Kugeln viele
Regeln und noch mehr Namen gibt, können Kinder von über-
allher gemeinsam damit spielen.

Ingrid Messelken

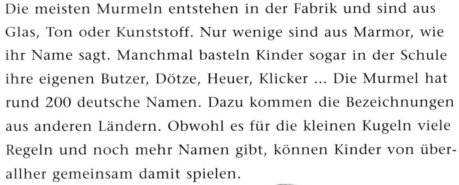

Mundakrobatik

Dein schnelles Sprechen muss sich rächen,
du wirst dir noch die Zunge brechen:

Sotto le frasche del capanno
quattro gatti grossi stanno,
sotto quattro grossi sassi,
quattro gatti grossi e grassi.

How much wood
would a wood chuck chuck
if a wood chuck
would chuck wood?

De dicke Deern drägt de dünne Deern dörn dicken Dreck.
Do dankt de dünne Deern de dicke Deern, dat de dicke Deern de dünne
Deern dörn dicken Dreck drogen dee.

Däm Tring sing Ühm hät Ping aan de Zäng.
Dröm schläch Schäng däm sing Zäng uss
sing Klötsch in sing Häng.

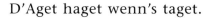

D'Aget haget wenn's taget.

Sprechen mit Händen und Füßen

Menschen reden nicht nur mit dem Mund. Sie sprechen auch mit ihrem
Körper. Beobachtet einmal Menschen beim Sprechen. Ihr könnt dann fest-
stellen, dass kaum jemand beim Reden seine Hände stillhält. Menschen
bewegen, während sie zum Beispiel etwas erklären oder erzählen, oft ihre

5   Hände, um noch deutlicher darzustellen, was sie sagen wollen.
Werden die Hände dabei sehr heftig bewegt, sagt man auch: Jemand redet
mit Händen und Füßen.
Oft verständigen sich die Menschen auch auf diese Weise, wenn sie nicht
die gleiche Sprache sprechen.

10   Bei dieser Sprache mit Händen und Füßen kann es natürlich zu
Missverständnissen kommen.

Willst du einem Mexikaner erklären, wie groß
deine Schwester oder dein Bruder ist, dann machst du
wohl so – wenn du nicht weißt, was ein Meter fünfzig

15   auf Spanisch heißt.

Da schaut dich der Mexikaner recht verwundert an.
Mit dieser Geste erklärt man nämlich in Mexiko nur
die Größe eines Tieres, niemals die eines Menschen.
Das machen Mexikaner so:

20   Willst du in China zwei Getränke bestellen und
machst das wie zu Hause, dann bekommst du acht
Gläser. Denn diese Geste bedeutet in China die Zahl
Acht.

Zwei Getränke bestellt die Chinesin so:

Finger-Alphabet

Kannitverstan

1. Szene

Sprecher: Ein Handwerksgeselle aus Deutschland wollte durch die Welt reisen. Auf seiner Wanderschaft kam er auch nach Amsterdam. Dort sah er prächtige Häuser und schöne Schiffe. Vor einem prunkvollen Gebäude blieb er stehen und fragte einen Vorübergehenden:

Handwerksgeselle: Können Sie mir bitte sagen, wem dieses Haus mit den vielen Kaminen auf dem Dach, den wundervollen Blumen in den Fenstern, den herrlichen Tulpen und dem Springbrunnen im Garten gehört?

Sprecher: Der Mann aber, der vermutlich Wichtigeres zu tun hatte, antwortete kurz und knapp:

1. Mann: Kannitverstan.

Handwerksgeselle: Das muss aber ein reicher Mann sein, dem solch ein schönes Haus gehört.

2. Szene

Sprecher: Als der Handwerksgeselle noch darüber nachdachte, erreichte er den Hafen. Dort lagen viele Schiffe vor Anker.

Handwerksgeselle: So viele Schiffe habe ich mein Lebtag noch nicht gesehen. Dort, das eine mit den drei Masten und der goldenen Galionsfigur, muss ich mir genauer ansehen. Die vielen Kisten, Säcke und Fässer mit den fremden Aufschriften. Woher mag das Schiff gekommen sein? Wem gehört es wohl?

Sprecher: Als ein Matrose gerade eine schwere Kiste heranschleppte, fragte der Handwerksgeselle:

Handwerksgeselle: Wie heißt der Glückliche, dem dieses schöne Schiff gehört?

Sprecher: Weil der Matrose aber gerade eine schwere Last auf seinen Schultern trug und auch ein wenig mundfaul war, antwortete er nur:

Matrose: Kannitverstan.

Handwerksgeselle: Kein Wunder, wem das Meer solche Reichtümer ans Land schwemmt, der kann auch leicht solche Häuser bauen. Ach, hätte ich's doch so gut wie der Herr Kannitverstan.

3. Szene

Sprecher: Gerade als der Handwerksgeselle auf dem Rückweg in die Stadt um eine Straßenecke bog, erblickte er einen Leichenzug und hörte ein Glöckchen läuten.

Handwerksgeselle: Wer mag da wohl gestorben sein? Vier schwarze Pferde ziehen den prächtigen Leichenwagen. Unzählige Menschen begleiten den Toten zur letzten Ruhe.

Sprecher: Der Handwerksgeselle wurde von tiefer Trauer erfasst. Er fragte den Mann, der als letzter mit dem Hut in der Hand tief gebeugt vor sich hin ging:

Handwerksgeselle: Wer ist da wohl gestorben? Das muss wohl ein guter und berühmter Mensch gewesen sein. So viele Leute trauern um ihn und begleiten ihn zur letzten Ruhe.

Sprecher: Der Mann, der entweder keine Lust hatte zu sprechen oder nicht gestört sein wollte, antwortete mürrisch:

2. Mann: Kannitverstan.

Sprecher: Da wurde es dem Handwerksgesellen zugleich schwer, aber auch ganz leicht ums Herz. Und er sagte:

Handwerksgeselle: Armer Herr Kannitverstan!
Was hast du nun von all deinem Reichtum?
Dasselbe, was mir auch irgendwann bevorsteht.

Sprecher: Er folgte dem Leichenzug bis zum Grab.
Wenn es ihm in seinem späteren Leben einmal schlecht ging, dachte er einfach nur an Herrn Kannitverstan und er sagte sich:

Handwerksgeselle: Ja, ja, der Herr Kannitverstan! Reich oder arm – ich freue mich des Lebens.

nach Johann Peter Hebel

Das große Lalula

Kroklokwafzi? Semememi!
Seiokrontro - prafriplo:
Bifzi, bafzi; hulalemi:
quasti basti bo...
Lalu lalu lalu lalu la!

Hontraruru miromente
zasku zes rü rü?
Entepente, leiolente
klekwapufzi lü?
Lalu lalu lalu lalu la!

Simarar kos malzipempu
silzuzankunkrei!
Marjomar dos: Quempu Lempu
Siri Suri Sei!
Lalu lalu lalu lalu la!

Christian Morgenstern

Fisches Nachtgesang

Christian Morgenstern

Der Ball ist rund

Keith Haring

Der Ball

Ist der Ball guter Laune,
dann springt er
  und springt
   und springt
    und springt
     und springt

     und springt
    und springt
   und springt
  und springt
 und springt
  und springt

    und springt
    und springt
    und springt
    und springt
    und springt
    und springt

und nichts kann ihn halten.

Ludwig Jerzy Kern

Lena hat nur Fußball im Kopf

„Wo bist du denn gestern gewesen?", fragt Jonas in der Pause.

„Ich musste Mathe üben", sagt Lena.

„Meine Mutter lässt mich nicht mehr zum Fußball."

Jonas starrt sie an. „Und bei unserem Freundschaftsspiel am Sonntag,

5 lässt sie dich da?"

Lena guckt auf den Boden. Jetzt ist noch Arne dazugekommen,

der spielt auch in der Mannschaft.

„Ich muss erst besser in Mathe werden", murmelt Lena.

„Wo du jetzt in den Sturm sollst?", schreit Jonas.

10 „Ich hab ja gleich gesagt, keine Weiber in unserer Mannschaft", sagt Arne

und sie rennen zusammen zum Klettergerüst.

„Jonas und Arne haben ganz genau Recht, auf mich ist kein Verlass.

Ich lass die Mannschaft sitzen und wenn sie am Sonntag verlieren,

ist alles meine Schuld. Nur wegen Mathe!", denkt Lena wütend.

15 Auf dem Nachhauseweg erzählt Kathrin wieder die ganze Zeit nur vom

Töpfern. „Dann komm doch mit mir!", sagt Kathrin. „Wenn du jetzt nicht

Fußball spielen darfst!"

Lena nickt. Vielleicht findet Mama Töpfern wirklich besser als Fußball.

Vielleicht lässt sie sie zum Töpfern gehen.

20 Lena geht in ihr Zimmer. „Wenn die Mannschaft jetzt nur wegen mir verliert!

Es ist ein Notfall", sagt Lena. „Da darf man mal schummeln."

Die Zimmertür geht auf.

„Redest du jetzt schon mit dir selbst?", fragt Mama und lacht.

„Kathrin hat mich gefragt, ob ich mit ihr zum Töpfern komme", sagt sie.

25 Und das ist nicht mal gelogen.

„Du warst prima heute, Lena", sagt Trainer Köster,
als sie nach dem Training in die Umkleideräume gehen.
„Ein Glück, dass du wieder mitspielst. Ich hatte schon fast gedacht,
wir müssten auf dich verzichten! Auf unseren fast besten Mann!"

30 „Fast beste Frau", sagt Lena und kichert.
„Nee, ich komm jetzt doch wieder. Das geht alles klar."
„Na, dann bin ich ja beruhigt", sagt Herr Köster.
„Bis zum nächsten Mal, Lena"
„Bis zum nächsten Mal", sagt Lena.

35 Da muss ihr für Mama auch noch eine Ausrede einfallen.
Aber bis dahin ist ja noch Zeit.

„Na, wie war's?", fragt Mama, als Lena vor der Wohnungstür steht.
Den Beutel mit den Fußballsachen hat sie hinter den Mülltonnen versteckt.
„War gut", sagt Lena und das ist ja wieder nicht gelogen.

40 „Ich war ziemlich gut."
„Schon gleich beim ersten Mal Töpfern?", fragt Mama.
„Da freu ich mich aber. Da müssen wir uns in diesem Jahr mal gar keine
Gedanken machen, was du für Oma und Opa bastelst."
„Nee, müssen wir nicht", sagt Lena nachdenklich.

Kirsten Boie

► Ob Lenas kleines Geheimnis auffliegt,
erfährst du in Kirsten Boies Buch
„Lena hat nur Fußball im Kopf".

Wie wird ein Fußball hergestellt?

❶ Mehrere Kunststoff- und Stoff-
schichten werden aufeinander-
geklebt, gepresst und getrocknet.
Dadurch wird der Ball sowohl
sehr haltbar als auch formbar
und geschmeidig.

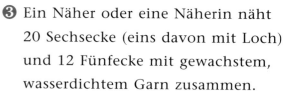

❷ Eine Stanze stanzt
Fünf- und Sechsecke aus.
Manche Sechsecke
bekommen noch
ein Loch für das Luftventil.

❸ Ein Näher oder eine Näherin näht
20 Sechsecke (eins davon mit Loch)
und 12 Fünfecke mit gewachstem,
wasserdichtem Garn zusammen.

❹ Etwa 1000 Stiche
sind dafür nötig.
Ein kleines Loch
muss am Ende aber
offen bleiben, denn ...

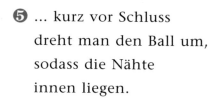

❺ ... kurz vor Schluss
dreht man den Ball um,
sodass die Nähte
innen liegen.

❻ Eine leere Gummiblase
wird innen eingeklebt.

❼ Die letzte Naht ist etwas Besonderes:
Sie muss von außen gemacht werden,
soll aber trotzdem unsichtbar sein.
Das klappt mit der „Brückennaht".
Dabei arbeitet man mit zwei Nadeln.
Sie werden immer wieder getauscht und
noch einmal durch dieselben Löcher
gezogen. Wenn man am Ende an den
Fäden zieht, verschwindet die Naht
nach innen.

❽ Der fertige Ball
wird aufgepumpt.

❾ Ein Kontrolleur prüft den Ball
genau: Ist er dicht? Ist er schön
rund? Wie viel wiegt er?

❿ Zum Schluss wird der Ball bedruckt.
Manchmal passiert das auch schon
direkt nach Schritt 1.

431.

▶ Weißt du, wie man einen Fußball
um die Mauer schießen kann?
Diese und andere interessante
Fragen beantwortet dieses Buch.

Niemand so stark wie wir

Eli angelte nach dem Ball, als Adrian aufschrie und sich zu Boden warf.

Er hielt sich den linken Fuß und jammerte erbärmlich.

Keiner ging zu ihm, keiner half ihm.

Nichts und niemand hatte Adrian getreten.

5 „Ahh!", machte Adrian, „ahh!"

„He, das war keine Absicht", sagte Eli und gab sich einen Ruck, um ihm

aufzuhelfen. Adrian wehrte seine Hand ab.

„Mann, musstest du so reintreten?"

Wir anderen schwiegen.

10 „Es tut mir leid", wiederholte Eli, „ich habe nicht einmal gemerkt,

dass ich dich getroffen habe."

Adrian rollte sich die Socke herunter und rieb an seiner unsichtbaren Wunde.

„Das war'n Elfer", sagte er und stand auf.

„Okay", sagte Eli.

15 „Das war'n Elfer", sagte Adrian erneut, diesmal lauter und sah sich um.

Niemand nickte, niemand widersprach.

„Was ist los? Ich bin okay, werde zwar ein wenig humpeln,

das ist aber alles, macht euch keine Gedanken.

Aber erst der Elfer, den versenk ich persönlich, dann sehen wir weiter."

20 Er nahm sich den Ball und ging zur Torlinie. Er humpelte dabei nicht.

Der Ball wurde positioniert, dann entfernte sich Adrian,

um Anlauf zu nehmen.

Mit etwas Glück würde Sprudel den Ball aus der Luft fischen.

Klüger wäre es natürlich gewesen, den Ball durchzulassen,

25 damit Adrian sich freuen konnte.

Wenn er sich freute, verschwand der Dampf aus seinem Kopf,

und er war wieder der beste Freund, den wir hatten.

Adrian kam angeprescht.

Ich blinzelte einmal kurz, dann kam der Schuss

30 und landete genau in Sprudels Gesicht.

Der Treffer warf ihn einen Meter ins Tor hinein.

Ein dumpfer Aufprall erklang und Sprudel lag auf dem Rücken.

Es staubte um ihn herum und im nächsten Moment lief Blut aus seiner Nase.

Eli schnappte sich eine Flasche, um Wasser zu holen.

35 Karim rollte seine Trainingsjacke zusammen

und schob sie Sprudel unter den Kopf.

Ich weiß nicht was die anderen Jungen taten, ich hörte nur

ihre aufgeregten Stimmen. Eli kam mit dem Wasser

und kippte die ganze Flasche über Sprudels Gesicht.

40 Sprudel begann sich zu rühren und blinzelte. Die Jungs atmeten laut auf.

Adrian stand einfach nur da, ein Grinsen auf den Lippen.

„Du, das war nicht fair, das weißt du doch, oder?", sagte Karim leise.

Adrian spuckte aus. „Das ist die falsche Frage", sagte er.

Niemand wollte wissen, was die richtige Frage war,

45 dennoch gab Adrian sie uns.

„Die richtige Frage ist: War das nun ein Tor oder nicht?"

Zoran Drvenkar

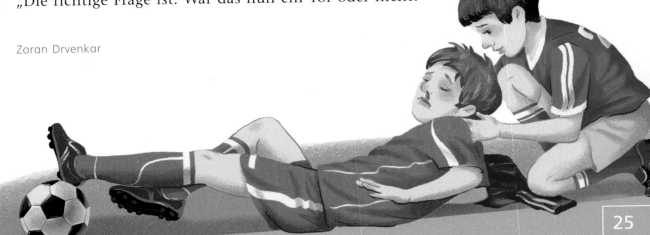

25

Schnell, schneller, am schnellsten

Immer wieder heißt es, **Tischtennis** sei eine der schnellsten Sportarten überhaupt. Doch der kleine weiße Ball wird höchstens 180 Stundenkilometer schnell. Das reicht nicht für den Rekord.

Wer kräftig einen **Fußball** tritt, kann schon einmal eine Fensterscheibe einschießen. Dafür ist vor allem die Härte des Balls verantwortlich, nicht die Geschwindigkeit. Diese beträgt beim Fußball 140 Stundenkilometer.

Tennis kommt dem Sieger schon recht nahe. Tennisspieler schlagen mit bis zu 230 Stundenkilometer auf.

Golfbälle werden, kräftig geschlagen, immerhin 270 Stundenkilometer schnell.

Sieger im Geschwindigkeitswettbewerb ist jedoch ein kleiner, nur fünf Gramm schwerer Ball mit Gänse- oder Entenfedern. Beim Badminton ist der Federball mit Geschwindigkeiten bis 290 Stundenkilometern der schnellste Ball!

Ulrike Berger

Fußball

Vierundvierzig Beine rasen
durch die Gegend ohne Ziel,
und weil sie so rasen müssen,
nennt man das ein Rasenspiel.

Rechts und links stehn zwei Gestelle,
je ein Spieler steht davor.
Hält den Ball er, ist ein Held er,
hält er nicht, schreit man: „Du Toooor!"

Fußball spielt man meistens immer
mit der unteren Figur.
Mit dem Kopf, obwohl's erlaubt ist,
spielt man ihn ganz selten nur.

Heinz Erhardt

Benny und Omar

Benny zieht mit seiner Familie von Irland nach Tunesien. Für ihn bricht eine Welt zusammen. Und dann spielt man hier noch viel lieber Fußball als Hockey. Da begegnet ihm der Straßenjunge Omar.

„Ich eigne mich nicht fürs Fußballspielen", sagte Benny.

5 Omar zog ihn unbeirrt weiter.

Die Jungen warfen Jacken als Tormarkierung auf den Boden.

Ein anderer sauste mit einem Stock davon und kratzte

die Begrenzungslinien des Spielfeldes in den Staub.

Benny hatte von seinem Platz im Tor gute Sicht auf seine

10 Mannschaftskameraden. Jemand zog einen alten, kaputten Ball hervor

und los ging es!

Diese Jungs konnten sich wirklich bewegen.

Das war Fußball, wie ihn brasilianische Straßenkinder spielten.

Kaputter Ball, nackte Füße und ehrgeizige artistische Einlagen!

15 Sie zeigten Fallrückzieher und gehechtete Kopfbälle.

Sie hätten vierhundert oder fünfhundert Tore einheimsen können,

aber es war viel wichtiger mit Stil einen Treffer zu landen,

als den Ball bloß irgendwie am Torhüter vorbeizubugsieren.

Benny hatte keine Chance. Nach einer Weile wurde es peinlich.

20 Da war vor allem dieser eine Junge. Ein großer, schlaksiger Kerl,

dem ein Schneidezahn fehlte. Er bahnte sich seinen Weg durch die anderen

hindurch und schlenzte den Ball mit der Innenseite seines Fußes

an Benny vorbei ins Tor.

Zum Schluss schien sich ein Elfmeterschießen anzubahnen,

25 weil keiner den Spielstand kannte.

Omar legte den Arm um Bennys Schulter und führte ihn zur Seitenlinie.
Offenbar sollte er diese Runde auf die Bank.

Aus dem Spiel genommen, wenn es um die Entscheidung ging. Oh, diese
Schande. „Wenn ich für den Anfang gut genug bin, dann bin ich auch gut
30   genug für das Ende", sagte Benny und stapfte zurück zum Tor.

Er schnappte sich seinen Hockey-Schläger, der auf einem Berg von Jacken lag.
„Ist es in Ordnung, wenn ich den benutze?"

Omar schnitt eine Grimasse. Er wollte seinen neuen Freund ja nicht
beleidigen. Aber wie wollte man einen Fußball mit einem Schläger stoppen?
35   Die anderen lachten.

„Lacht ihr nur", sagte Benny, dessen Selbstbewusstsein zurückgekehrt war.
Natürlich wollte der Zahnlose den Schuss übernehmen.

Er nahm Anlauf und trat gegen den kleinen Ball.

Mit dem Schläger in der Hand erschien es Benny lächerlich einfach,
40   ihn zu halten. Er lenkte den Ball nach oben ab und hielt ihn dort
für einen Augenblick auf seinem Schläger.

Nach einem kurzen Blick auf das gegnerische Tor stieß er den rotierenden
Ball sachte höher in die Luft und schlug ihn dann mit aller Kraft. Netz!
Wenn es ein Netz gegeben hätte.
45   Benny lächelte. Endlich war sein Ruf wiederhergestellt.

Der Zahnlose legte umgehend offizielle Beschwerde ein.

Benny wusste, dass die Regeln gegen ihn sprachen.

50 Es war einfach nicht möglich, bei einem Elfmeterschießen von
der Torlinie aus ein Tor zu schießen.

Aber da diese Jungs sich für jede Art von Talent begeistern konnten,
ließen sie es gelten.

Es war schon komisch, wie man innerhalb von zwei Sekunden

55 vom Deppen zum Helden aufsteigen konnte.

Sie tranken trübes Wasser aus einer alten Cola-Flasche.

Benny wusste genau, dass er solches Wasser nicht trinken durfte.

Er machte sogar den Versuch, die Flasche zurückzuweisen, aber davon
wollten die Jungs nichts wissen. Zu allem Überfluss war es Zahnlos,

60 der ihm die Flasche anbot.

Wie konnte er sie ablehnen, nachdem er seinen Schuss
zum Eigentor umgewandelt hatte?

Es fiel Benny auf, dass er zum ersten Mal, seit er Irland verlassen hatte,
richtig glücklich war.

Eoin Colfer

Irrtum

Jean-Jacques Sempé

Elfmeter

Ein Ball, ein Spiel, ein Kampf, ein Griff,
ein Schrei, ein Fall, Gewälz, ein Pfiff,
Geschimpf, ein Nein, ein Ja, ein Chor,
das Gelb, der Punkt, der Schuss, kein Tor.

Wolfgang Bortlik

Opas Geschenk

„Hier", sagte mein Opa und überreichte mir einen Fußball.

„Was soll ich damit?", fragte ich und drehte den Ball in meinen Händen.

„Das ist ein Fußball", sagte Opa.

„Opa, ich weiß, dass das ein Fußball ist. Aber was soll ich damit?

5 Fußball ist okay, aber ich spiele Hockey, da ist der Ball ein wenig kleiner."

„So ein Quatsch", sagte Opa, „Fußball ist nicht nur okay, Fußball ist

großartig. Außerdem ist der Ball in Wahrheit gar nicht für dich."

„Der Ball ist also nicht für mich?"

„Nein. Wenn du es genau wissen willst, ist der Ball für mich."

10 „Und wieso gibst du ihn dann mir?"

Opa lachte, als ob ich nichts verstehen würde, und sagte:

„Weil du mich trainieren wirst."

„Im Fußball?!", rief ich.

„Pst", machte Opa.

15 „Bist du verrückt?", fragte ich ein wenig leiser.

„Nein. Aber ich habe vor, an der Fußballweltmeisterschaft teilzunehmen."

Ich ließ den Ball einmal auftrumpfen und verriet meinem Opa,

dass ich nicht glaubte, dass die deutsche Nationalmannschaft

noch Platz für ihn hätte.

20 „Nicht die deutsche", sagte darauf mein Opa. „Ich spiele für Luxemburg."

Ich wusste, ich durfte nicht lachen.

Vielleicht war Opa jetzt doch langsam zu alt.

Er war garantiert der älteste Geheimagent, den es gab. Älter ging nicht.

„Was ist nun? Hilfst du mir? Ich brauche eine Menge Training und –"

25 „Opa", unterbrach ich ihn, „Training hin oder her, du bist fast hundert Jahre alt. Ich glaube, da gibt es eine Grenze. Man kann nicht fast hundert sein und an einer Weltmeisterschaft teilnehmen."

Opas Augen weiteten sich.

„Wer ist hier fast hundert Jahre alt?", wollte er wissen.

30 „Außerdem ist es egal, was für ein Alter man hat. Hauptsache man trifft den Ball. Luxemburg braucht mich. Es wird Zeit, dass sie mal Weltmeister werden. Mit unserer Hilfe wird es Luxemburg dieses Mal bis ins Finale schaffen."

Zoran Drvenkar und Gregor Tessnow

▶ Was ein Junge, achtzehn Spieler und eine Handvoll Geheimagenten alles tun müssen, um die WM vor einer Katastrophe zu bewahren, erfährst du im Buch „Wenn die Kugel zur Sonne wird".

Feuer und Flamme

Paul Klee

Feuer

Feuer kann gefährlich sein,
drum lass ich mich nicht mit ihm ein.
Feuer, das ist: sanfte Glut,
doch auch Brand in heller Wut,
Kraft und Wärme, Segen, Fluch,
Kerzenlicht, Vulkanausbruch,
Streichholz, Blitz und Sonnenschein –
alles das kann Feuer sein.

Wolf Harranth

Feuer und Sterne

Für seine Zuschauerin hatte Staubfinger eine Gartenbank
an den Rand des Rasens gestellt. Links und rechts von ihr steckten
brennende Fackeln in der Erde.
Auch auf dem Rasen brannten zwei, die zeichneten zitternde Schatten
5 in die Nacht. Staubfinger selbst stand mit nacktem Oberkörper da,
die Haut blass wie der Mond.

Als Meggie aus der Dunkelheit auftauchte, verbeugte Staubfinger sich vor ihr.
„Bitte Platz zu nehmen, schönes Fräulein!", rief er.
Meggie setzte sich auf die Bank.
10 „Ich habe eigens mit dem Wind gesprochen", sagte er.
„Denn eins musst du wissen:
Wenn der Wind sich in den Kopf setzt, mit dem Feuer zu spielen, dann kann
selbst ich es nicht zähmen. Aber er hat mir sein Ehrenwort gegeben, dass er
sich heute Nacht ruhig verhalten und uns den Spaß nicht verderben wird."
15 Mit diesen Worten griff er nach einer der Fackeln.
Er tauchte sie in einen Eimer, zog sie wieder heraus und
hielt sie an eine bereits brennende Fackel.

Das Feuer loderte so plötzlich auf, dass Meggie zusammenfuhr.

Staubfinger aber setzte eine Flasche an die Lippen und füllte sich

20 den Mund, bis seine Backen prall waren. Dann holte er tief Luft,

spannte den Körper wie einen Bogen und spuckte, was immer da

in seinem Mund war, über der brennenden Fackel in die Luft.

Ein Feuerball hing über dem Rasen, ein gleißend heller Feuerball.

Wie etwas Lebendiges fraß er an der Dunkelheit.

25 Und groß war er, so groß, dass Meggie sicher war, dass alles um ihn her

im nächsten Augenblick in Flammen aufgehen würde, alles,

das Gras und Staubfinger selbst.

Der aber drehte sich um sich selbst und spuckte noch einmal Feuer.

Hoch in den Himmel ließ er es steigen, als wolle er die Sterne

30 in Brand setzen.

Dann entzündete er eine zweite Fackel und strich sich mit der Flamme

über die nackten Arme. Das Feuer leckte an seiner Haut wie etwas

Lebendiges, ein züngelndes, brennendes Wesen, das er sich zum Freund

gemacht hatte, das für ihn tanzte und die Nacht vertrieb.

35 Hoch in die Luft warf er die Fackel, dorthin,

wo gerade noch der Feuerball geglüht hatte,

fing sie wieder auf, entzündete andere, jonglierte mit drei, vier, fünf Fackeln.

Ihr Feuer wirbelte um ihn herum, tanzte mit ihm, ohne ihn zu beißen:

Staubfinger, der Flammenbändiger, Funkenspucker, Feuerfreund.

40 Er ließ die Fackeln verschwinden, als hätte die Dunkelheit sie gefressen,

und verbeugte sich lächelnd vor der sprachlosen Meggie.

Cornelia Funke

► Wer der geheimnisvolle Feuerspucker
Staubfinger wirklich ist, erfährst du im
Buch „Tintenherz" von Cornelia Funke.

Vom Ausbruch des Vesuv

Im Süden Italiens erhebt sich ein mächtiger Vulkan, der Vesuv.
Zu seinen Füßen liegt die Stadt Pompeji.
Aus einiger Entfernung beobachten Pia und Stephanos den Vesuv.

„Als wären die Seiten des Berges aufgeplatzt", stöhnt Pia fassungslos.

5   Riesige Feuersäulen steigen, unzählige Feuerspringbrunnen schießen
an vielen Stellen aus den Hängen.
Es riecht schweflig. Pia und Stephanos würgen und husten.
„Au!", schreit Stephanos. Etwas hat ihn am Kopf getroffen.
Er hebt einen Stein auf. Er ist so groß wie eine Faust und warm,

10   doch löcherig und sonderbar leicht. Steine prasseln nieder.
Schützend legen sie die Arme über den Kopf und fliehen ins Haus.
Heftiger Regen setzt ein. Düster ist es.
Pia steht an der Fensteröffnung und sieht hinaus.
Gleichzeitig fallen Asche, Steine und Regen vom Himmel,

15   am Boden werden sie zu einem zähen Brei.
„Alexis!" Pia erschrickt. „Wir haben ihn auf der Weide vergessen."
Pia rennt zu Stephanos.
„Wir müssen Alexis suchen!"
„Ihr dürft nicht hinaus." Thekla versperrt die Tür.

20   Verzweifelt fleht Pia: „Bitte."
Stephanos schreit: „Alexis stirbt da draußen!"

Der Vater kommt zur Hilfe, in der Hand hält er drei Kissen.

„Wir gehen zusammen." Er nickt seiner Frau beruhigend zu.

„Die Brocken sind leicht. Gegen die scharfen Kanten nehmen wir das hier."

25 Nikolaos legt jedem Kind eines der großen Kissen auf den Kopf.

Er selbst nimmt das dritte.

Sorgsam befestigt Thekla die Kissen mit Leinenbändern.

Als Atemschutz schlingt sie den dreien Tücher um Mund und Nase.

Inzwischen hat der Regenguss nachgelassen.

30 Mit einer Fackel stapft Nikolaos voraus.

Die Kinder folgen ihm. Schwer lösen sich die Füße aus dem Schlamm.

Zäh klebt er an den Beinen. Asche rieselt, hin und wieder prallt einer der leichten Steine von den Kissen ab. Die Luft riecht faulig.

Endlich haben sie die Weide erreicht.

35 „Alexis!" Kein Bellen antwortet.

Den Hügel hinauf wird die Schlammschicht dünner.

Wieder ruft Pia: „Alexis!"

Winseln. Ganz schwach wimmert es. Mit beiden Händen tastet und wühlt Pia in dem Brei. Plötzlich berühren ihre Finger klebriges Fell.

40 „Hierher. Ich hab ihn gefunden!"

Schon sind Stephanos und der Vater bei ihr. Entkräftet steckt der kleine Hund im Schlamm fest. Die Schnauze hochgereckt. Nasse Asche hat ihm die Augen und Nase verklebt. Auch auf der Zunge klebt der weißliche Brei.

Stephanos seufzt erleichtert.

Tilman Röhrig

Pompeji – die versunkene Stadt

Am Mittag des 24. August im Jahre
79 nach Christi Geburt brach der Vesuv
aus. Nach drei Tagen und Nächten hatte
er die Landschaft zu seinen Füßen zerstört.

5 Drei Städte waren untergegangen.
In Herkulaneum und Stabiae konnten
die meisten Bewohner noch rechtzeitig fliehen, doch in Pompeji war das
Elend unvorstellbar. Menschen und Tiere
10 wurden getötet, und der Vesuv begrub die Hilflosen mitsamt den Tempeln
und Gebäuden unter einer bis zu sechs Meter dicken Ascheschicht.

Nach vielen Jahren wuchsen Gras und Büsche darüber.
Nur einige alte Schriften bewahrten die Erinnerung an das Leben in Pompeji
und das schreckliche Ende seiner Bewohner.
15 Viele Jahrhunderte nach dem Unglück erwachte die Neugier
an versunkenen Städten. Forscher und Wissenschaftler, aber auch Abenteurer
suchten vor allem nach Kunstwerken und anderen Schätzen.

Vor ungefähr 150 Jahren begann der Archäologe Giuseppe Fiorelli mit der
wissenschaftlichen Erforschung Pompejis.
20 Er ließ Schicht um Schicht Erde, Steine, schwarze, graue und helle Asche
gleichmäßig abtragen und dokumentierte alle Funde.
Allmählich tauchten ganze Stadtviertel von Pompeji wieder auf.

Heute ist das versunkene Pompeji von Asche und Geröll befreit.
Niemand wohnt mehr in der Stadt am Meerufer.
25 Doch viele Besucher bestaunen Jahr für Jahr die Kunstwerke,
die wieder ans Tageslicht kamen.

Tilman Röhrig

Der brodelnde Vulkan

 Den folgenden Versuch darfst du nur mit einem Erwachsenen im Freien durchführen!

Das brauchst du:

- eine Schutzbrille
- 20 g Natron
- 20 g Zitronensäure
- einen Trichter
- eine 0,5 l Flasche
  mit möglichst flachem Boden und Deckel
- eine Schaufel
- Sand
- ein Glas Wasser
- rote Lebensmittelfarbe
- einen Löffel

So wird es gemacht:

- Zuerst setzt du dir deine Schutzbrille auf!
- Dann füllst du das Natron und die Zitronensäure durch einen Trichter in die Flasche und verschließt sie mit dem Deckel.
- Grabe nun in den Sand ein Loch und stelle die Flasche hinein.
- Schütte anschließend Sand auf, sodass ein Berg entsteht und der Flaschenhals oben noch ein kleines Stück herausschaut.
- Färbe das Glas Wasser mit roter Lebensmittelfarbe ein.
- Zum Schluss drehst du die Flasche auf und füllst die Flüssigkeit durch den Trichter in die Flasche.
- Tritt jetzt ein paar Schritte zurück, denn gleich bricht dein Vulkan aus.

 Wasche dir bitte nach dem Versuch die Hände!

Josefs Vater

Mein Vater kann alles. Er kann Regen trocknen, bevor er herunterfällt.

Er kann Vulkane beruhigen und Erdbeben verhindern.

Und er kann Brände löschen.

Einmal gab es einen großen Brand.

5 Mein Vater und ich standen zwischen den Leuten.

Eine Fabrik brannte ab und mit ihr die ganze Straße.

Die Feuerwehrmänner rollten Schläuche aus,

schoben Leitern hoch in die Luft und sprühten aus hundert Schläuchen.

Doch das Feuer brannte immer mehr.

10 „Bleib hier stehen", sagte mein Vater zu mir. Er lief direkt auf das Feuer zu.

Dann fing er an, das Feuer auszutreten. Mein Vater hat enorme Füße.

Die Feuerwehrleute schauten erstaunt zu und hörten auf zu spritzen.

Es war, als hätte das Feuer Angst vor meinem Vater.

Als würde er rufen: „Feuer! Geh aus!"

15 Er trat nach links und nach rechts und nach links und nach rechts.

Das Feuer wich zurück. Schließlich war es aus. Alle klatschten.

Mein Vater kam zu mir zurück.

Seine Schuhe waren völlig versengt, seine Hosenbeine auch.

„Wollen Sie bei uns mitmachen?", fragten die Feuerwehrleute.

20 „Ach nein", sagte mein Vater. „Aber wenn sich mal wieder etwas nicht

löschen lässt, dann könnt ihr mich ja rufen."

„Das ist gut", sagten sie.

Dann gingen wir nach Hause.

Toon Tellegen

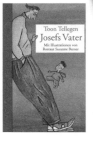

► Wovor Josefs Vater
die Welt noch rettet,
erfährst du in diesem
Buch von Toon Tellegen.

Die gute Gelegenheit

e. o. plauen

Das Feuer des Prometheus

Nach einer griechischen Sage wurden die Menschen von einem Gott
namens Prometheus aus Lehm erschaffen. Er lehrte sie, wie sie Tiere zähmen,
Häuser bauen und mit den Schiffen das Meer befahren konnten.
Eines fehlte den Menschen aber: das Feuer. Das besaßen nur die Götter allein.
5 Prometheus bat den Göttervater Zeus, den Menschen das Feuer zu geben,
doch dieser lehnte ab.

Da beschloss Prometheus, für die Menschen das Feuer zu stehlen.
Er entflammte am feurigen Wagen des Sonnengottes Helios einen
Riesenhalm. Mit dieser Fackel eilte er zur Erde
10 und brachte den Menschen das Feuer.
Nun konnten diese endlich die Kraft des Feuers nutzen.

Zeus war über diese Tat voller Zorn und bestrafte sowohl die Menschen als
auch Prometheus. Er schickte den Menschen Elend und Krankheiten.
Prometheus ließ er an einen Felsen schmieden.
15 Er musste dort ohne Essen, Trinken und Schlaf ausharren.
Jeden Tag kam ein Adler und fraß ein Stück seiner Leber.
Aber weil Prometheus unsterblich war, wuchs die Leber jede Nacht nach.
Erst Jahrhunderte später wurde
Prometheus von seinen Leiden
20 erlöst: Der Held Herakles
erlegte den Adler und befreite
Prometheus.

Siegfried Buck

Das Feuer

Hörst du, wie die Flammen flüstern,
knicken, knacken, krachen, knistern,
wie das Feuer rauscht und saust,
brodelt, brutzelt, brennt und braust?

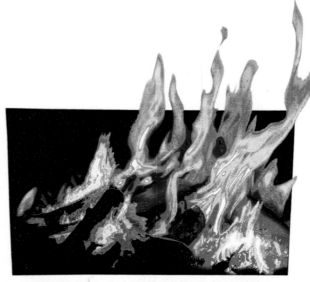

5 Siehst du, wie die Flammen lecken,
züngeln und die Zunge blecken,
wie das Feuer tanzt und zuckt,
trockne Hölzer schlingt und schluckt?

Riechst du, wie die Flammen rauchen,
10 brenzlig, brutzlig, brandig schmauchen,
wie das Feuer, rot und schwarz,
duftet, schmeckt nach Pech und Harz?

Fühlst du, wie die Flammen schwärmen,
Glut aushauchen, wohlig wärmen,
15 wie das Feuer, flackrig-wild,
dich in warme Wellen hüllt?

Hörst du, wie es leiser knackt?
Siehst du, wie es matter flackt?
Riechst du, wie der Rauch verzieht?
20 Fühlst du, wie die Wärme flieht?

Kleiner wird der Feuerbraus:
ein letztes Knistern …
ein feines Flüstern …
ein schwaches Züngeln …
25 ein dünnes Ringeln …
aus.

James Krüss

Feen, Elfen, Kobolde

Florence Harrison

Gesang der Elfen

Um Mitternacht,
wenn die Menschen
erst schlafen,
dann scheinet uns
5   der Mond,
dann leuchtet uns
der Stern,
wir wandeln und singen
und tanzen erst gern.

10   Um Mitternacht,
wenn die Menschen
erst schlafen,
auf Wiesen, an den Erlen,
wir suchen unseren Raum
15   und wandeln und singen
und tanzen einen Traum.

Johann Wolfgang Goethe

Feenzauber und Schweineglück

Es war einmal eine gute Fee, die jahrein, jahraus die Wünsche der Kinder
erfüllte. Leider wollten alle wieder und wieder das Gleiche.
„Öde, öde, öde!", seufzte sie und langweilte sich jeden Tag
ganz fürchterlich bei ihrer Arbeit.

5 Nach der siebenhundertsechzigtausendundweißnichtwievielten Barbiepuppe,
die sie zaubern musste, bekam die gute Fee einen Tobsuchtsanfall.
„Jetzt reicht's aber!!!", schnaubte sie. „Das ist ja nicht nur langweilig,
sondern auch total blöööde!" Sie stampfte vor Wut mit den Füßen,
knirschte mit den Zähnen und rollte ihre Augen.

10 Für den Rest des Tages bekam keiner mehr, was er wollte.
Erleichtert flog sie heim und ging ins Bett.
Als sie aufwachte, wusste sie, dass sie nie, nie wieder als gute Fee
arbeiten wollte.
Also ging sie zur Berufsberatung und fragte nach einer anderen Arbeit.

15 „Wir haben noch Plätze für eine Umschulung zum Flaschengeist,
zur hilfreichen Elfe oder zum lieblichen Schutzengel."
„Gibt es nicht irgendwas Aufregendes?", fragte die gute Fee.
„Wir hätten einen Böse-Oberhexe-Posten frei", bot die Dame vom Amt an.
„Fiese Dämonen werden auch immer gebraucht."

20 Die gute Fee überlegte ausgiebig, es war eine schwere Entscheidung.
Am Ende entschloss sie sich dann, eine verwunschene Prinzessin zu werden.
Sie wurde in ein Schwein verwandelt und sollte darauf warten, dass der
richtige Held sie finden, küssen und so erlösen würde.

25 Auf dem Bauernhof, auf den sie geschickt wurde, sollte sie den ganzen Tag mit den anderen Schweinen faul in der Sonne rumhängen. Bald verbrachte sie die meiste Zeit mit Toni, dem Eber. Der war sehr nett und sah echt gut aus, für ein Schwein. Gemeinsam nahmen sie Schlammbäder, kratzten sich gegenseitig den Rücken und erzählten sich Geschichten.

30 Die gute Fee war so richtig zufrieden mit ihrem Jobwechsel.

Doch eines Tages kam ein wunderschöner Held mit glänzender Rüstung und einem strahlenden Ross auf den Bauernhof geritten. Es war ein Drachentöter und Prinzessinnenretter.

Der Prinz trat ans Schweinegatter und rief:

35 „Ich bin gekommen, um die wunderschöne, verzauberte Prinzessin zu erlösen, die hier sehnsüchtig auf mich wartet. Sie darf mit auf mein herrliches Schloss kommen und ich werde sie heiraten. Wir werden bis ans Ende unserer Tage in Saus und Braus leben!"

„Hier! Hier! Küss mich!" – „Nein, mich!", riefen alle Schweinedamen

40 durcheinander, denn jede wollte mit aufs Schloss genommen werden.

Bald hatte er alle geküsst, bis auf die gute Fee,

die hatte sich tief im Schlamm versteckt.

„Och, nö", dachte sie. „Schloss hin, Ruhm her, ich liebe doch den Toni."

So wurde sie schließlich vom Prinzen übersehen.

45 Dieser aber ritt hoffnungsvoll weiter zum nächsten Bauernhof.

So blieb die gute Fee einfach ein Schwein. Und gemeinsam mit dem Eber Toni lebte sie glücklich bis ans Ende ihrer Tage.

Sophie Schmid

Die geheimnisvolle Höhle

Edmund stieg mit seiner Laterne den Berg hinauf zum Eingang einer
Höhle. Aus dieser Höhle drangen unheimliche Geräusche. Er wollte
herausfinden, wer oder was sie machte.

In der Höhle war es stockdunkel, aber als er das Licht seiner Laterne mit
5 einem Streichholz entzündete, sah er bald, dass es nicht nur eine, sondern
mehrere Höhlen waren – hintereinander und nebeneinander. Edmund inter-
essierten sie überhaupt nicht, er wollte nur herausfinden, wer oder was es
war, das die merkwürdigen Geräusche machte – aber er fand nichts.

Also untersuchte er die Höhlen noch einmal gründlich. Schließlich entdeckte
10 er auf halber Höhe einer Felswand ein dunkles Loch.

Er kletterte sofort hinauf und kroch hinein – es war der Eingang zu einem
Tunnel, der in den Berg hineinführte.

Nachdem er eine Weile gegangen war, sah er, dass vor ihm, ganz am Ende
des Ganges, ein matt gelber Schimmer war.

15 Plötzlich flackerte das Licht noch einmal matt auf und erlosch.

Im gleichen Augenblick kam Edmund um die letzte Ecke und stand
vor einer steinernen Tür.

Er trat durch die Tür in eine kreisrunde Höhle. In der Mitte der Höhle war
eine runde Vertiefung. Darin hockte ein großes blasses Etwas.

20 Dieses Etwas hatte ein Menschengesicht, den dicken Körper einer Kröte,
einen Schlangenschwanz, aber Flügel und Federn, und auf dem Kopf einen
Kamm wie ein Hahn.

„Was bist du denn?", fragte Edmund.

„Ich bin ein armer sterbender Basilisk", antwortete das blasse Etwas

25 mit schwacher Stimme. „Mein Feuer ist erloschen! Ich weiß nicht, wie das

passieren konnte. Wenn ich es nicht alle hundert Jahre mit meinem Schwanz

aufrühre, dann geht es aus. Ich nehme an, meine Uhr geht nach. Ach, und

jetzt muss ich sterben!"

„Keine Bange", sagte Edmund. „Ich zünde dein Feuer wieder an!"

30 Mithilfe von ein paar Zweigen und seinen Streichhölzern machte er rund

um den Basilisken Feuer.

Das Holz flammte auf. Der Basilisk plusterte sich mächtig auf, sein

Hahnenkamm wurde feuerrot und seine Federn schimmerten und glühten,

zuletzt hob er den Kopf und krähte „Kikerikiiih!" sehr laut und gewaltig.

35 Edmund war glücklich, dass es dem Basilisken wieder gut ging.

„Ich möchte mich erkenntlich zeigen", sagte der Basilisk.

„Dann erzähle mir wahre Geschichten über all die Dinge, von denen sie

in der Schule keine Ahnung haben", sagte Edmund.

Und der Basilisk begann zu erzählen. Er berichtete von Schätzen, von

40 Zwergen und Feen und Drachen, von Gletschern und der Steinzeit und dem

Anfang der Welt, vom Einhorn und dem Vogel Phönix.

Edmund hörte ihm aufmerksam zu.

Schließlich verabschiedete er sich und ging nach Hause.

Doch am nächsten Tag kam er wieder und ließ sich neue Geschichten

45 erzählen, und so am übernächsten und noch an vielen folgenden Tagen.

Edith Nesbit

Der Basilisk

(Familie: Serpentigentidae)

Ein *Basilisk* kann mit einem einzigen Blick töten. Berichten zufolge verwandelt sich alles, worauf sich der tödliche Blick dieses Vogels richtet, auf der Stelle in Stein. Nicht weniger gefährlich ist sein giftiger Speichel, der einen Elefanten umbringen kann.

5　Kopf und Füße eines Basilisken erinnern an die eines Hahns, während der Schwanz schlangenartig ist. Die Zunge eines Basilisken ist gespalten wie die einer Schlange. Angeblich schlüpfen Basilisken aus einem sieben Jahre alten Hahnenei, das bei Vollmond gelegt und von einer Schlange oder einer Kröte ausgebrütet wurde.

10　Man kann sich auf verschiedene Art und Weise vor einem Basilisken schützen. So ist es möglich, den Blick des Wesens auf es selbst zurückzuwerfen, wenn man zum Beispiel einen Spiegel bei sich hat.

Der Phönix

(Familie: Vetustidae)

Der Phönix (auch *Feuervogel* genannt) ist ein majestätischer, prächtiger Vogel mit einem Gefieder aus Purpur und Gold. Der Überlieferung zufolge gibt es stets nur ein einziges lebendes Exemplar zur gleichen Zeit. Aufgrund des seltenen Vorkommens

5 dieses Vogels konnte das allerdings bisher weder bestätigt noch widerlegt werden.

Phönixe überleben ohne Nahrung, sollen jedoch das Gummi des Weihrauchbaumes *(Boswellia thurfera)* verzehren. Ein Phönix lebt jahrhundertelang und baut innerhalb dieser langen Zeitspanne

10 ein Nest aus Zimt, Myrrhe und Indischer Narde. In diesem Nest zündet er sich selbst an, indem er die Sonnenstrahlen auf sein glänzendes Gefieder lenkt, sodass es in Flammen aufgeht. Mit den Flügeln facht der Phönix das Feuer weiter an. Nach neun Tagen schlüpft ein neuer Phönix aus ebendieser Asche.

▶ Du möchtest noch mehr über Drachen, Trolle und andere Fabelwesen wissen? Dann lies nach in „Arthur Spiderwicks Handbuch für die fantastische Welt um dich herum."

Feen-Sprechstunde

Es war ein seltsames Haus, denn es bestand nur aus einer Treppe, die
im Freien stand und fünf Stockwerke hinauf führte. Ganz oben war ein
Messingschild mit folgender Inschrift zu sehen:

5

> *Wer zu mir will,*
> *ist hier genau richtig,*
> *herein, ohne anzuklopfen!*

„Woher", fragte sich Lene, „kann die Fee denn wissen, dass ich zu ihr will?
Na ja, weil sie eben eine Fee ist, klar."

Und sie trat ein, ohne anzuklopfen.

10 Im Zimmer saß an einem runden, dreibeinigen Tisch eine Frau,
die gerade Kaffee trank.

„Setz dich zu mir, mein Kind", sagte die Fee, „und sprich!"

Lene setzte sich der Fee gegenüber auf den freien Stuhl und betrachtete sie
forschend. Eigentlich sah die Frau ganz normal aus. Trotzdem war etwas

15 Besonderes an ihr, nur konnte Lene nicht gleich darauf kommen, was es war.
Doch dann bemerkte sie es: Die Fee hatte sechs Finger an jeder Hand.

„Mach dir nichts draus", sagte die Fee, die Lenes Blick bemerkt hatte.
„Bei uns Feen ist immer irgendetwas ein bisschen anders.
Sonst wären wir ja keine Feen."

20 Lene nickte. „Es geht um meine Eltern", erklärte sie dann und seufzte.
„Ich weiß nicht, was ich mit ihnen machen soll. Sie wollen und wollen
mir einfach nicht folgen, weil sie nämlich in der Überzahl sind,
immer zwei gegen einen."

„Dagegen ist schwer etwas zu machen", murmelte die Fee gedankenvoll.

25 „Außerdem sind sie größer als ich", fügte Lene hinzu.

„Das ist bei Eltern meistens so", bestätigte die Fee.

„Wenn sie kleiner wären als ich", überlegte Lene laut, „wäre die Sache mit
der Überzahl vielleicht nicht mehr so wichtig."

„Zweifelsohne!", warf die Fee ein.

30 „Zum Beispiel halb so groß", schlug Lene vor.

Die Fee faltete ihre zwölf Finger und dachte eine Weile mit
geschlossenen Augen nach.

Lene wartete.

„Ich hab's!", rief die Fee schließlich. „Ich gebe dir hier zwei Zuckerstückchen.

35 Sie sind natürlich verzaubert. Die tust du deinen Eltern heimlich und
unbemerkt in die Tassen. Sie werden keinen Schaden erleiden. Aber sobald
sie erst mal den Zucker geschluckt haben, werden sie jedes Mal wenn sie
dir nicht gehorchen, halb so groß werden, wie sie vorher waren. Jedes Mal
immer wieder halb so groß. Das verstehst du doch?"

40 Und sie schob Lene zwei ganz normal aussehende weiße Zuckerstücke
über den Tisch.

„Danke sehr", sagte Lene, „was kosten sie?"

„Nichts, mein Kind!", antwortete die Fee. „Die erste Beratung ist immer gratis.
Die zweite wird dann allerdings schrecklich kostspielig."

45 „Das macht mir nichts", versicherte Lene,

„weil ich ja keine zweite Beratung brauche.

Also dann, schönen Dank."

„Auf Wiedersehen", sagte die Fee und lächelte hintergründig.

Michael Ende, Jindra Capek

▶ Ob Lenes Wunsch sich erfüllt und ob sie
die Fee noch einmal wiedersieht,
kannst du in dem Buch „Lenchens Geheimnis"
von Michael Ende und Jindra Capek nachlesen.

Am Schneesee

Es war einmal ein See, der war immer voll Schnee,
darum nannten ihn alle Leute nur Schneesee.
Um diesen Schneesee wuchs Klee, der Schneeseeklee, der wuchs rot und grün,
und darin äste ein Reh, das Schneeseekleereh, und dieses Schneeseekleereh
5   wurde von einer Fee geliebt, der überaus anmutigen Schneeseekleerehfee.
Diese Fee hatte, wie alle Feen dieser Gegend, sechsundsechzig Zehen,
fünfundsechzig zum Gehen und einen zum Drehen, und dieser
sechsundsechzigste Zeh war natürlich der Schneeseekleerehfeedrehzeh.
Zehendrehen macht Spaß, doch einmal drehte die Fee im Übermut ihren Zeh
10   zu sehr, und da tat der Drehzeh schrecklich weh.
Zum Glück wohnte am Schneesee eine weise Frau.
Die weise Frau, eine Heckenhexe mit zwei schrecklichen Hackenhaxen,
hockte gerade vor einer Hucke Kräutern, als die kleine Fee gehumpelt kam.
„Guten Tag, beste Heckenhexe mit den Hackenhaxen!"
15   „Guten Tag, nette Schneeseekleerehfee mit den sechsundsechzig Zehen!
Doch was seh ich: Du humpelst? Was hast du denn?"
Da antwortete die Schneeseekleerehfee: „Schneeseekleerehfeezehweh!"
„Gehzehweh oder Drehzehweh?"
„Drehzehweh!"
20   „Dann ist es nicht schlimm: Gehzehweh ist zäh und hält sich, doch
Drehzehweh kommt und vergeht jäh – und wodurch vergeht es? Natürlich
durch der Heckenhexe herrlichsten Tee, den hellgelben Schneeseekleerehfee-
drehzehwehtee!"

Franz Fühmann

Der Troll

Es war ein fürchterlicher Anblick. Über drei Meter hoch, die Haut ein fahles, granitenes Grau, der große, plumpe Körper wie ein Findling, auf den man einen kleinen, kokosnussartigen Glatzkopf gesetzt hatte. Das Wesen hatte kurze Beine, dick wie Baumstämme, mit flachen, verhornten Füßen.

5 Der Gestank, den es ausströmte, verschlug einem den Atem.

Es hielt eine riesige hölzerne Keule in der Hand, die, wegen seiner langen Arme, auf dem Boden entlang schleifte.

Der Troll machte an einer Tür Halt, öffnete sie einen Spaltbreit und linste hinein. Er wackelte mit den langen Ohren, fasste dann in seinem kleinen Hirn

10 einen Entschluss und schlurfte gemächlich in den Raum hinein.

„Der Schlüssel steckt", flüsterte Harry. „Wir könnten ihn einschließen."

Sie schlichen die Wand entlang zu der offenen Tür. Harry machte einen großen Satz und schaffte es, die Klinke zu packen, die Tür zuzuschlagen und sie abzuschließen.

15 Mit Siegesröte auf den Gesichtern rannten sie los, den Gang zurück, doch als sie die Ecke erreichten, hörten sie etwas, das ihre Herzen stillstehen ließ – einen schrillen, panischen Entsetzensschrei – und er kam aus dem Raum, den sie gerade abgeschlossen hatten.

„O nein", sagte Ron.

20 „Es ist das Mädchenklo!", keuchte Harry.

„Hermine!", japsten sie einstimmig.

Es war das Letzte, was sie tun wollten, doch hatten sie eine Wahl? Sie machten auf dem Absatz kehrt, rannten zurück zur Tür, drehten, zitternd vor Panik, den Schlüssel herum – Harry stieß die Tür auf, und sie stürzten hinein.

Joanne K. Rowling

▶ Ob Harry und Ron noch rechtzeitig kommen, um Hermine zu helfen kannst du selbst nachlesen in „Harry Potter und der Stein der Weisen" von Joanne K. Rowling.

Eine unerwartete Begegnung

Es hatte aufgehört zu schneien. Der Wald war reglos und totenstill.

„Wir sehen aus wie Schneehasen", sagte Neunauge, als sie bei der Höhle angekommen waren. Feuerkopf begann, das Stroh herauszuzerren, mit dem er den Eingang seines Baus verstopft hatte.

5 „Merkwürdig", murmelte er, „ich dachte, ich hätte viel mehr hineingestopft." Er steckte den Kopf in das dunkle Loch – und fuhr zurück, als wäre ihm eine Giftschlange entgegengeschossen.

„Was ist los?", fragte Neunauge besorgt. „Da ist jemand drin."

„Ich glaube, es ist ein Kobold!" Vorsichtig schob er den Kopf

10 erneut durch das Loch.

„Er schläft", flüsterte Feuerkopf schließlich.

„Was willst du jetzt tun?", fragte Neunauge

und blickte beunruhigt auf den Höhleneingang.

Feuerkopf zuckte die Schultern und verschwand in seinem Bau.

15 Neunauge beugte sich vor und lugte hinter ihm her. Sie sah undeutlich spitze Ohren, struppiges Fell, haarige Arme und Beine – ja, es war zweifellos ein Kobold. „He, wach auf!", hörte sie Feuerkopf sagen. „Aufwachen! Was machst du hier?"

Schlaftrunken richtete sich die Gestalt auf. Dann kam sie taumelnd auf die

20 Füße. Feuerkopf stütze sie und half ihr aus der engen Höhle hinaus.

„Blaupfeil!", stammelte Neunauge.

Erschrocken ließ sie ihren Blick über das stumpfe, verfilzte Fell des anderen gleiten. „Du siehst ja schrecklich aus", sagte sie.

„Um Himmels willen", sagte Feuerkopf und blickte beunruhigt in Blaupfeils

25 gerötete Augen, „was ist denn mit dir passiert?"

„Ich bin überfallen worden." Blaupfeil schloss für einen Moment die Augen.

„Es waren Kobolde wie wir! Zehn, zwanzig, ich weiß es nicht.

Sie packten mich und warfen mich unter grölendem Gelächter eine steile

Böschung hinunter. Ich weiß nicht mehr, wie ich dann doch noch hierher

30 gekommen bin." Er senkte den Kopf und schwieg.

„So eine widerliche Geschichte habe ich ja noch nie gehört!",

stieß Feuerkopf hervor, und seine Augen sprühten grünes Feuer.

„In all den vielen Jahren, die ich in diesem Wald lebe, habe ich mich mit

schießwütigen Jägern und hungrigen Füchsen herumschlagen müssen.

35 Ich musste mich vor Kindern in Sicherheit bringen, die mich als Stofftier mit

nach Hause schleppen wollten – aber Kobolde, die andere überfallen

und Böschungen hinunterschubsen – pfui Teufel!"

„Und dann so viele gegen einen!", knurrte Neunauge und legte Blaupfeil

tröstend ihren Arm um die mageren Schultern.

40 Wenig später stapften Feuerkopf und Neunauge mit dem erschöpften,

zerzausten Blaupfeil durch den Schnee.

„Feuerkopf, ich mache mir Sorgen!", flüsterte Neunauge.

„Ja, ich weiß", sagte Feuerkopf leise. „Du wüsstest genauso gerne wie ich,

wo diese widerlichen Kerle jetzt sind."

45 „Genau! Wir werden in nächster Zeit die Augen offen halten müssen."

Cornelia Funke

Cornelia Funke
Kein Keks für
Kobolde

▶ Neunauge und Feuerkopf wissen noch nicht,
dass auch sie diese Kobolde bald kennenlernen
werden. Das ganze Abenteuer kannst du in
dem Buch von Cornelia Funke lesen.

Mein Riese und ich

Mein Freund, der Riese ist groß wie ein Berg
und breit wie ein Scheunentor.
Er wohnt, wo die wilden Gräser sind,
und ich stehe sehr klein davor.
5 Ich reiche, oje,
grad an seinen Zeh.

Ganz früh am Morgen sprech ich mit ihm
in den Dünen, da steht er dann.
Sein Ohr ist viel zu weit weg, doch ich weiß,
10 dass er mich verstehen kann.
Jawohl, er kann,
der riesige Mann.

Wir haben die Klopf-Kratz-Sprache dafür,
und die Klopf-Kratz-Sprache geht so:
15 Ich kratz ihn einmal am großen Zeh,
nur einmal. Das heißt: Hallo!
Und zweimal heißt: Wie geht es dir?
Und dreimal: Kommt heute Regen?
Und viermal: Sei nicht traurig!
20 Und fünfmal: Ich tröste dich deswegen!
Und sechsmal heißt: Jetzt muss ich gehen.
Auf Wiedersehn,
auf Wiedersehn.

Shel Silverstein

Der Ofendrache

Ein Spielstück für mutige Elfen und schreckliche Drachen

1. Szene: Der Wettbewerb

Erzähler: Korodil, der König der Elfen, war alt geworden. Um einen würdigen Nachfolger zu finden, sollte ein Wettbewerb stattfinden. An diesem Wettbewerb sollten der Sohn des Königs, Prinz Koriander, und seine beiden Vettern, Borodick und Fünndünn, teilnehmen.

König: Jeder von euch soll eine Aufgabe erfüllen und einen Wettlauf bestreiten. Derjenige, der seine Aufgabe am besten erfüllt und am schnellsten läuft, wird König. Mein Sohn Koriander muss hinunter in den Keller gehen, den Ofendrachen bezwingen und mir die Silberäpfel von dem Apfelbaum bringen, der dort unten steht.

Erzähler: Alle Zuhörer keuchten vor Entsetzen. Denn der Ofendrache war die bedrohlichste Gefahr, der die Elfen gegenüberstanden.

Königin: *(erschrocken)* Oh, mein armer Sohn!

König: Fünndünn, du musst in die Spülmaschine klettern und den Wassergeistern, die in ihren glitschigen Tiefen lebten, die Stirn bieten. Finde Königin Korasins Ring, der in die Spülmaschine gefallen ist. Jage den Wassergeistern diesen Ring wieder ab.

Fünndünn: *(unerschrocken)* Das werde ich, mein König.

König: Borodick, deine Aufgabe besteht darin, in den Kühlschrank zu klettern, es mit den jungen Trollen aufzunehmen, die dort hausen, und eine Portion Haselnussstollen mitzubringen, der meine Lieblingsspeise ist.

Borodick: *(ängstlich)* W-wie Ihr wünscht, Majestät.

Erzähler: Alle drei machten sich sofort daran, die ihnen gestellten Aufgaben zu erfüllen.

2. Szene: Bei der Norne

Prinz: *(nachdenklich)* Das ist eine schwierige Aufgabe.
Ich werde die Norne im Besenschrank um Rat fragen. Sie hat mir
schon einmal geholfen. *(Klopft an die Schranktür.)*

Norne: Wer ist da?

Prinz: Ich bin's, Prinz Koriander. Ich möchte dich um Rat fragen.

Norne: *(krächzend)* Was ist denn diesmal los, Prinz?

Prinz: Ich muss in den Keller gehen, den Ofendrachen bezwingen und
die Silberäpfel holen.

Norne: *(schimpfend)* Den Ofendrachen! Sonst noch was?! Was denkst du
denn, wie lange du da leben wirst? Nun, da musst du wohl mit
List zu Werke gehen. Mit Gewalt kannst du ihn nicht besiegen.

Prinz: *(enttäuscht)* Ach? Ich hatte gehofft, ich könnte ihn töten, und wir
müssten nie mehr Angst vor ihm haben.

Norne: Nein, nein, das kannst du nicht. Es wird immer einen Ofendrachen
geben. Du musst ihm ein Rätsel aufgeben. Und während er ver-
sucht, die Antwort zu finden, holst du deine Äpfel. Du musst
eine Ascheblume mitnehmen, so dass der süße Duft den Drachen
schläfrig macht. Sonst würde er dich wahrscheinlich verschlucken,
noch bevor du ihm ein Rätsel aufgeben kannst.

Prinz: Wo finde ich denn eine Ascheblume?

Norne: Sie wächst bei Mondaufgang aus dem Kaminsims. Und pass auf,
dass du auch ja alle Silberäpfel pflückst, das ist wichtig.

Prinz: Warum?

Erzähler: Aber sie war bereits wieder hineingegangen und hatte die Tür
hinter sich zugeschlagen.

3. Szene: Im Keller

Erzähler: Bei Mondaufgang ging Koriander zum Kaminsims und pflückte sich eine der großen, weißen Blumen, die plötzlich mitten aus dem Stein herauswuchsen. Dann machte er sich daran, in den Keller hinunterzuklettern.

Nach einem beschwerlichen Weg traf er auf den Drachen. Er konnte sein Auge rot glühen sehen und seinen schnarchenden Atem hören.

Drache: *(verärgert)* Wer wagt es, mich zu stören?

Erzähler: Der Drache breitete seine großen Stahlschwingen aus, und eine furchterregende Klaue schoss nach vorn. Aber Prinz Koriander schwenkte die Ascheblume vor sich, bis ihr süßer Duft sich überall im Keller ausbreitete.

Drache: *(müde)* Mmh, wie duftet es hier auf einmal. *(Er gähnt laut.)*

Prinz: *(geheimnisvoll)* Rot und grün und gelb und blau. Kein König rührt mich an und keine Königsfrau. Bin bald trocken, bin bald nass, wenn ich das Himmelszelt umfass.

Drache: Hmh, ein Rätsel! Was mag es bedeuten? Bin bald trocken, bin bald nass ...

Erzähler: In der Zwischenzeit sprang Prinz Koriander an dem Drachen vorbei in die andere Ecke des Kellers, wo ein winziger Apfelbaum zu sehen war. Dort waren die Silberäpfel.

Prinz: Schnell, nur schnell, alle Äpfel in meinen Beutel, bevor der Drache es sich anders überlegt.

Erzähler: Nachdem er alle Äpfel gepflückt hatte – jedenfalls dachte er das –, machte Prinz Koriander sich über die Treppe wieder davon.

Drache: *(enttäuscht)* Ich gebe es auf! Wie lautet die Antwort?

Prinz: *(hastig)* Ein Regenbogen!

Erzähler: Mit diesen Worten warf sich der Prinz gerade noch rechtzeitig durch die Kellertür und brachte sich in Sicherheit.

nach Joan Aiken

Juan Gris

Das Buch

„Ich möchte wissen",
sagte Bastian vor sich hin,
„was eigentlich in einem Buch los ist,
solange es zu ist.

Natürlich sind nur Buchstaben drin,
5   die auf Papier gedruckt sind,
aber trotzdem – irgendwas muss doch los sein,
denn wenn ich es aufschlage,
dann ist da auf einmal eine ganze Geschichte.

Man muss sie lesen,
10   damit man sie erlebt,
das ist klar.
Aber drin war sie schon vorher."

Michael Ende

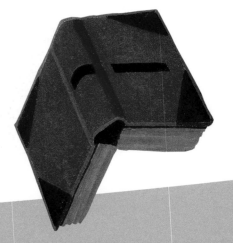

Der Mann in der schwarzen Pelerine

Vielleicht fängt ein Buch so an:

„In einer dunklen Herbstnacht schlich ein Mann durch die kleine
Pforte in der Schlossmauer. Er sah sich mit scheuen Blicken um.
Vielleicht lauerten sie auf ihn dort zwischen den Bäumen im Park?
5 Unter seiner schwarzen Pelerine drückte der Mann ein Bündel an
sich. Oh, seinen Schatz sollten sie ihm niemals fortnehmen, eher
würde er sein Leben dafür lassen! Mit einem Satz sprang er aufs
Pferd. Da hallte ein Schuss durch die Nacht, der Mann schrie auf
und fiel aus dem Sattel, und im nächsten Augenblick galoppierte ein
10 weißes Pferd ohne Reiter zwischen den dunklen Bäumen fort."

Und was ist das nun? Ja, eigentlich nichts anderes als eine Menge
Buchstaben. Aber daran denkst du nicht, wenn du es liest. Du
siehst nur den Mann in der schwarzen Pelerine. Du siehst, dass er
Angst hat und wie er sich hoch in den Sattel schwingt; du hörst
15 den Schuss und die Hufschläge, wenn das weiße Pferd allein in die
Dunkelheit galoppiert. Ist es nicht sonderbar, dass ein paar kleine
Buchstaben so mit dir zaubern können? Weißt du, was sie mit
dir machen? Sie setzen deine Fantasie in Gang, deine Fähigkeit,
Dinge zu sehen, die du eigentlich gar nicht sehen kannst. Bücher
20 verleihen deiner Fantasie Flügel. Diese Fähigkeit musst du dir gut
bewahren – wer weiß, was daraus noch einmal werden kann.

25 Der Mann in der schwarzen Pelerine – was geschah eigentlich mit ihm? Was für einen Schatz hatte er in seinem Bündel? War es ein Kind oder eine Kiste voll mit den kostbarsten Juwelen? Wer lauerte ihm auf und wer schoss? Nahmen sie ihm den Schatz weg oder nicht? Und wohin um alles in der Welt lief das weiße Pferd? Ich denke nicht daran, es dir zu erzählen. Benutze deine Fantasie!

Astrid Lindgren

Wünschelrute

Schläft ein Lied in allen Dingen,
die da träumen fort und fort,
und die Welt hebt an zu singen,
triffst du nur das Zauberwort.

Joseph von Eichendorff

Zackarina und der Sandwolf

Unten am Strand traf Zackarina den Sandwolf.

„Mama und Papa lesen", sagte Zackarina. „Sie sitzen und lesen und lesen." Der Sandwolf hob den Kopf hoch. Seine Ohren waren gespitzt. „Aha", sagte er, „lesen sie Bücher?" „Ja", sagte Zackarina.

5 Jetzt wurde der Wolf sehr neugierig. Er wollte genau wissen, was für Bücher sie zu Hause hatten. Waren sie dick oder dünn? Und er wollte wissen, wie sie rochen und wie sie klangen – wenn man zum Beispiel auf sie klopfte oder in ihnen blätterte.

„Du magst offensichtlich Bücher", sagte Zackarina.

10 Der Wolf sah sie erstaunt an. „Mögen?", fragte er, „ich mache sie ja."

„Stimmt doch gar nicht", sagte sie.

Sie wusste nämlich, dass Bücher von Menschen gemacht wurden. Von Leuten, die Schriftsteller waren und deren Arbeit das Schreiben war. Und das sagte sie dem Sandwolf. Er sagte, das sei ganz richtig.

15 Das seien die, die auf ihre Buchstabenmaschinen drückten und die Wörter zusammenstöpselten.

„Aber Buchstaben schreiben", sagte er, „das kann fast jeder."

„Aber was machst du denn?", fragte Zackarina.

„Ich", sagte er, „ich bin die Erzählungen. Die Geschichten, die

20 Einfälle, die Märchen – sie kommen von mir."

Und dann nahm er ein Blatt und atmete es mit seinem wüsten-
warmen Atem an. Da geschah etwas Merkwürdiges. Das Blatt
schien zu erwachen und fing zu singen an. Und nicht nur das
– es zitterte und tanzte, es flüsterte und lachte im Laub!

25 „Wenn ich atme, dann erwachen die Märchen", sagte der Sandwolf.
„Ich mache sie ein bisschen deutlicher, damit die Menschen sie
sehen können."

„Ja, aber wie werden aus Laub Bücher?", fragte Zackarina.

Der Sandwolf sagte, das sei ziemlich einfach. Das Einzige, was

30 passieren müsse, sei, dass jemand das Laub entdecke. Jemand,
der es verstehe und für andere erzählen könne – in einem Buch
zum Beispiel.

Dann tauchte er in den Laubhaufen und verschwand. Zackarina
hörte, wie er dort unten wühlte und blies und atmete. Der ganze
Haufen fing an zu singen und zu rascheln und zu flüstern und
zu tanzen.

35 Zackarina nahm die Arme voller goldgelber Blätter und lief nach
Hause. Sie stürmte herein und ließ das Laub auf den Boden fallen.

„Aber Zackarina", sagte Mama. „Warum bringst du denn den ganzen
Dreck mit ins Haus?"

Zackarina setzte sich und breitete das Laub auf dem Teppich aus

40 und fing an zu erzählen.

Åsa Lind

▶ Wie die Geschichte mit Zackarina
und dem Sandwolf weitergeht,
erfährst du in „Alles von Zackarina
und dem Sandwolf" von Åsa Lind.

Cornelia Funke

Cornelia Funke ist eine sehr bekannte und erfolgreiche deutsche Kinderbuchautorin. Als Kind wollte sie eigentlich Astronautin oder Pilotin werden. Aber

5 auch das Zeichnen machte ihr große Freude. Weil sie dafür ein besonderes Talent hatte, wurde sie zunächst Buchillustratorin. Jedoch gefielen ihr die Geschichten, die sie illustrieren

10 sollte, oft nicht und so begann sie ihre eigenen Texte zu schreiben. Dabei entdeckte sie, dass sie selbst eine Geschichtenerzählerin ist und nichts lieber tut und besser kann. So machte sie das Schreiben zu ihrem Beruf. Zu ihren bekanntesten Büchern gehört der Roman

15 „Tintenherz", eine Geschichte, in der die Gestalten aus Büchern lebendig werden. Noch nie, so sagt Cornelia Funke, sei ihr das Schreiben so leicht gefallen, noch nie hätte sich eine Geschichte so auf das Papier gedrängt.

Viele ihrer Bücher wurden verfilmt. Cornelia Funke zog mit ihrer

20 Familie von Deutschland nach Hollywood. Dort fühlt sie sich wohl und es fällt es ihr leichter, an den Verfilmungen ihrer Bücher mitzuwirken.

Der Bücherarzt

Meggies Vater Mo war Buchbinder. In seiner Werkstatt gab es Bücher, die wirklich sehr alt waren. Meggie hatte dort schon Bücher gesehen, deren Seiten fleckig wie ein Leopardenfell waren und fast ebenso gelb. Sie erinnerte sich an eins, dessen Einband von

5   Holzwürmern befallen gewesen war. Wie winzige Einschusslöcher hatten die Fressspuren ausgesehen. Mo hatte den Buchblock herausgelöst, die Seiten sorgsam neu zusammengeheftet und ihnen, wie er es nannte, ein neues Kleid geschneidert. In einer Abstellkammer, die Meggie die Goldkammer nannte, lagerte der Vater seine

10 wertvollsten Materialien: Das feinste Leder, die schönsten Stoffe, marmoriertes Papier und Stempel.

Es kam oft vor, dass Mo wegen eines Auftrages verreisen musste: Jedes Mal, wenn irgendein Antiquar, ein Büchersammler oder eine Bibliothek einen Buchbinder brauchte und Mo den Auftrag

15 bekam, ein paar wertvolle alte Bücher von Schimmel und Staub zu befreien oder ihnen ein neues Kleid zu schneidern. So ein Kleid konnte aus Leder sein oder aus Leinen, schlicht oder mit einer Prägung versehen, die Mo mit winzigen Stempeln hineindrückte und manchmal auch vergoldete.

20 Meggie fand, dass die Bezeichnung „Buchbinder" Mos Arbeit nicht sonderlich gut beschrieb, deshalb hatte sie ihm vor ein paar Jahren ein Schild für seine Werkstatt gebastelt, auf dem *Mortimer Folchard, Bücherarzt* stand.

Cornelia Funke

Vom Bildzeichen zum E-Book

In der Steinzeit kannten die Menschen noch keine Schrift. Sie verständigten sich mündlich. Aber im Laufe der Zeit entwickelten sie das Bedürfnis, sich auch schriftlich mitzuteilen, eine Botschaft zu übermitteln, Gedanken und Wissen dauerhaft schriftlich fest-
5 zuhalten. Um Sprache sichtbar zu machen, braucht man Zeichen und Buchstaben. Und so begannen die Menschen vor ungefähr 5 500 Jahren, wichtige Dinge zunächst mit Bildzeichen darzustellen. Doch die Bilderschrift hatte den Nachteil, dass man Tausende von Zeichen kennen musste.
10 Etwa 2 000 Jahre später entwickelten die Phönizier, ein Seefahrervolk aus dem Mittelmeer, daraus die Buchstaben, die wir zum großen Teil heute noch verwenden.

Früher, als man auch das Papier noch nicht kannte, wurden ganz unterschiedliche Materialien zum Schreiben verwendet: Man hat
15 zum Beispiel Bild- und Schriftzeichen in Ton- und Wachstafeln geritzt. Aber das kostbarste Material war das Pergament. Es wurde aus Tierhäuten hergestellt. Lange malte und schrieb man darauf die Texte mit der Hand.

In den mittelalterlichen Schreibstuben der Klöster und Städte
20 wurde jeder Text Satz für Satz in schönen Buchstaben aufgeschrieben. Buchmaler bebilderten das Werk und brachten Verzierungen an. Besonders kunstvoll gestaltete man die Initialen, die Anfangsbuchstaben eines Abschnitts oder Kapitels.

Man kann sich leicht vorstellen, wie lange die Herstellung solcher Handschriften dauerte und wie teuer schließlich ein Buch wurde. Deshalb konnten sich nur wenige Menschen die wertvollen Bücher leisten, und natürlich konnten nur die wenigsten lesen und schreiben. Jedes Buch in dieser Zeit war einzigartig und konnte noch nicht vervielfältigt werden.

Erst durch die Erfindung des Buchdruckes wurde es möglich, das Geschriebene schnell und massenhaft zu verbreiten. Diese große und folgenreiche Erfindung machte um 1450 in Mainz der Gold- und Silberschmied Johannes Gutenberg.

Er goss aus Metall kleine Buchstaben, die er mit Tinte bestrich und wie Stempel verwendete. Die einzelnen Zeilen wurden in einem Rahmen zu einer ganzen Buchseite angeordnet und mit Druckerschwärze eingefärbt. Jetzt konnten unter einer Druckerpresse beliebig viele gleiche Seiten hergestellt werden. Damit war der Buchdruck mit beweglichen Lettern erfunden. Bücher konnten nun in großen Mengen produziert und verkauft werden.

Die alte Druckerpresse, die man noch mit der Hand bedienen musste, wurde im Laufe der Zeit durch moderne computer-gesteuerte Druckverfahren ersetzt.

Heute gibt es sogar elektronische Bücher, sogenannte E-Books. Hierfür werden Buchtexte in digitaler Form verfügbar gemacht und können auf dem Bildschirm eines Computers oder eines speziellen Lesegerätes erscheinen. Anstatt eine Buchseite umzublättern, kann man den Text auf dem Display sichtbar machen und lesen.

Hannelore Daubert

Eoin Colfer

In diesem Lesebuch findest du mehrere Geschichten des bekannten irischen Autors Eoin Colfer. Hier erzählt er über sich und seine Arbeit als Schriftsteller.

5 Meine Söhne sind fünf und elf Jahre alt.
Sie lieben Fußball, aber keine Bücher, Pech!
Aber ich gebe die Hoffnung nicht auf.
Meine vier Brüder sind schließlich alle auch noch begeisterte Leser
geworden. Wir waren eine wirklich nette Familie, und ich bin der
10 netteste. Bei uns zu Hause ging es zu wie in den Tim-Geschichten.
Alles, was darin steht, habe ich in etwa selbst erlebt. Deswegen gab
ich den Figuren in den Tim-Büchern die Spitznamen meiner Brüder.
Bis heute streiten und lachen wir darüber, wer der Schlimmste war.
In meinen Büchern kann ich das jetzt endlich klarstellen, denn ich
15 bin es, der den Stift in der Hand hält: Ich bin der Gute.
Mein Kopf war schon immer voller Geschichten. Ich malte mir
zum Beispiel aus, dass ich im Zimmer eines Hauses eingesperrt sein
könnte, in dem es keine Bücher gäbe. Eine schreckliche Vorstellung!
Daher sorgte ich dafür, dass es in jedem Raum Bücher gab.
20 Fast alle meine Hauptfiguren sind männlich. Es ist einfacher für
mich, aus der Sicht von jemand zu schreiben, der wie ein Junge
denkt, fühlt und handelt. Als Schriftsteller sollte man über das
schreiben, was einem nahe ist.

Eoin Colfer

Tim und das Geheimnis von Knolle Murphy

Ich habe vier Brüder. Wir sind fünf Jungen, alle jünger als elf, die unter einem Dach wohnen.

Als mein Papa eines Tages heimkam und sah, wie wir fünf in Kriegsbemalung an den Vorhängen im Schlafzimmer baumelten,
5 beschloss er, dass etwas geschehen müsse.

„Dieses Haus ist ein Irrenhaus", sagte Papa zwischen zusammengebissenen Zähnen. „Wir müssen etwas für euch finden, womit ihr in den Ferien beschäftigt seid. Etwas Bildendes."

Marty und ich stöhnten. Bildende Beschäftigungen sind die
10 schlimmsten. „Was ist mit der Bücherei?", sagte er.

„Was soll damit sein?", sagte ich und bemühte mich um einen lockeren Ton. „Ihr könntet euch beide dort anmelden. Und lesen. Das ist ideal. Solange ihr ein Buch lest, könnt ihr nichts anstellen."

„Bitte nicht die Bücherei", flehte Marty. „Das ist zu gefährlich."

15 „Zu gefährlich? Wie kann eine Bücherei gefährlich sein?", fragte Papa.

„Nicht die Bücherei", flüsterte Marty, „aber die Bibliothekarin."

„Mrs Murphy?", sagte Mama. „Das ist eine nette, alte Dame."

„Sie hat ein Luftgewehr unter ihrem Schreibtisch", sagte Marty.

20 „Ein Luftgewehr, in dessen Lauf eine ganze Kartoffelknolle passt. Damit schießt sie auf Kinder, wenn sie Lärm in der Bücherei machen. Deswegen sagen wir auch Knolle Murphy zu ihr."

Meine Mutter fand das alles sehr komisch.

„Eine Knollenknarre! Du würdest alles behaupten, nur damit du
25 kein Buch lesen musst. Ich hab genug gehört. Ihr beide geht nachmittags in die Bücherei und fertig."

Mama war auf dem Weg in die Stadt und ließ uns an der Bücherei aussteigen. „Und lasst euch nicht abknollen, okay?"

Es sollte ein Scherz sein, aber wir konnten nicht lachen. Wir
30 konnten nicht mal lächeln.

Die Bücherei schien sich ewig auszudehnen. Reihe um Reihe von hölzernen Bücherregalen. Jede Reihe hatte eine Leiter mit Rollen am oberen Ende. Auf diesen Leitern hätte man prima rutschen können, aber es bestand null Chance, dass man Kindern hier drin
35 irgendeinen Spaß erlauben würde.

„Was wollt ihr?", fragte eine Stimme vom anderen Ende der Bücherei. Eine ältere Frau lehnte an einem klobigen Holzschreibtisch. Sie hatte ihre grauen Haare so straff nach hinten gebunden, dass ihr die Augenbrauen halb auf der Stirn hingen. Das war zweifellos
40 Knolle Murphy.

Wir klammerten uns aneinander wie zwei verschreckte Äffchen und gingen zu ihr hinüber.

„Mama sagt, wir müssen uns in der Bücherei anmelden", sagte ich. Ein ganzer Satz. Nicht schlecht unter den gegebenen Umständen.
45 „Das hat mir gerade noch gefehlt", grummelte Knolle. „Zwei Gören, die meine Regale durcheinanderbringen." Sie nahm einen Füller und zwei Karten aus ihrer Schublade.

„Name?"

„M-M-Mrs Murphy", stammelte ich.
50 Knolle seufzte. „Nicht mein Name, Dummkopf. Eure Namen."

„Tim und Martin Woodman!", rief ich wie ein Soldat.

Durch lange Gänge mit Holzfußboden führte uns Knolle zum Bereich mit den Kinderbüchern.

Die Abteilung war eigentlich nur ein einziger Regalkasten mit vier
55 Bücherreihen. Auf dem Boden davor lag ein kleines, abgewetztes Stück Teppich.

„Und bevor ihr geht, macht ihr keinen einzigen Schritt von diesem Teppich herunter", sagte sie mit warnender Stimme. „Auf was für jungenhafte Ideen ihr auch kommen mögt, vergesst sie.
60 Bleibt auf dem Teppich, sonst gibt's Ärger." Sie beugte sich ganz weit vor, bis ihre Käferaugen auf einer Höhe mit meinen waren. „Ist das klar?"

Ich nickte. Es war klar. Keine Frage.

Bei den nächsten Besuchen in der Bücherei saß ich auf dem
65 Teppich und tat so, als würde ich lesen. Oh, wie war das langweilig! Mein Kopf fühlte sich an, als würde er gleich abfallen und über den Holzfußboden rollen. Ich versuchte alles, um mir die Zeit zu vertreiben, aber meistens träumte ich einfach bloß von Freiheit. Dann passierte eines Tages etwas Seltsames.
70 Ich tat so, als würde ich ein Buch lesen, da weckte etwas meine Aufmerksamkeit. Der erste Satz der Geschichte.

Eoin Colfer

Als Leon eines Morgens aufwachte, bemerkte er, dass er sich in einen seltsamen Vogel verwandelt hatte ...

► Wie die Geschichte weitergeht, erfährst du im Buch „Tim und das Geheimnis von Knolle Murphy".

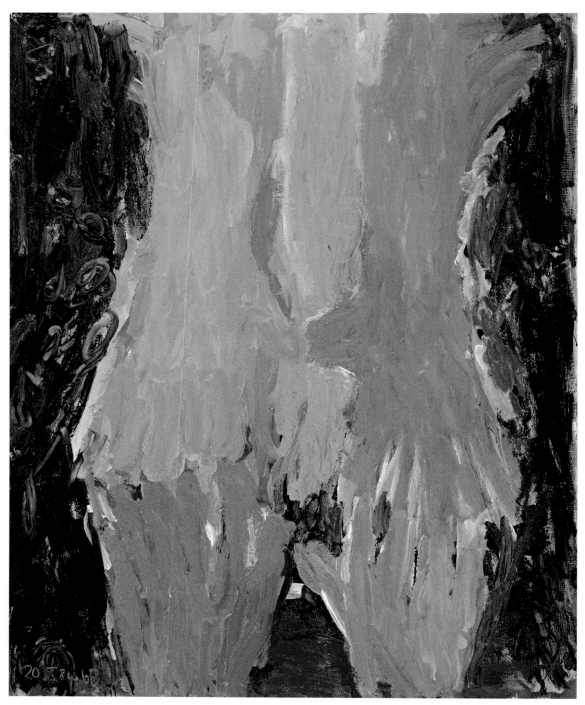

Georg Baselitz

Ich wünsche mir einen Freund

Einen, der mit mir tanzt und lacht,
wenn ich glücklich bin,

einen, der mir hilft,
wenn ich ihn brauche,

einen, der mir ähnlich ist,
wenn alles sich fremd anfühlt,

einen, der mich erwartet,
wenn ich auf Reisen bin,

**einen, der mich ziehen lässt,
wenn mich ein Abenteuer ruft,**

einen, der sich Zeit für mich nimmt,
wenn ich einsam bin,

**einen, der all seine Geheimnisse
mit mir teilt,**

einen, mit dem ich all meine Geheimnisse
teilen kann.

Anette Bley

Munkel

So begann Lukas' neues Leben mit Munkel. Für eine Katze verantwortlich zu sein, das war etwas sehr Schönes und sehr Wichtiges.

Er merkte bald, dass nichts mehr so war wie früher, seit Munkel
5   ins Haus gekommen war. Jeden Morgen wurde er von Munkel geweckt. Er sprang aufs Bett, und wenn er fand, dass Lukas zu lang schlief, legte er sich auf sein Gesicht. Tief drinnen in seinen Träumen hörte Lukas ihn schnurren und dann wurde er langsam wach und schlug die Augen auf. Das Katzenfell war weich, es roch
10 nach Laub und Regen und nach Munkel.

Es gab nur ein Problem, Munkel konnte die Uhr nicht lesen. Manchmal weckte er Lukas schon morgens um vier. Lukas versuchte ihm zu erklären, dass es zu früh war und dass er länger schlafen wollte.
15 Aber Munkel spielte weiter, und wenn Lukas sich die Decke über den Kopf zog, riss Munkel am Laken und biss ihm in die Zehen. Lukas blieb nichts anderes übrig als aufzustehen und in die Küche zu gehen und Munkel
20 Milch in die Schüssel zu gießen, die auf dem Fußboden neben dem Herd stand. Dann schloss er die Küchentür und lief zurück
25 in sein Bett.

Munkel saß in der Küche und miaute und wurde erst herausgelassen, wenn die Eltern aufstanden.

In der ersten Zeit, nachdem er ins Haus gekommen war, durfte Munkel nicht nach draußen. Er musste sich erst an sein neues

30 Zuhause gewöhnen. Sonst könnte er plötzlich verschwinden. Lukas befürchtete außerdem, jemand könnte seinen Kater stehlen, wenn der sich draußen zeigte.

Mehrere Male, als Lukas nach ihm rief und Munkel nicht kam, kriegte Lukas Angst, er könnte doch nach draußen entwischt und

35 verschwunden sein. Dann fing sein Herz an zu hämmern wie sonst nur, wenn er aus einem Alptraum erwachte. Er rief nach Munkel, durchsuchte das ganze Haus, aber Munkel war weg.

Lukas lernte schnell, wo Munkel sich versteckte, wenn er in Ruhe gelassen werden oder nur schlafen wollte. Oft legte er sich in den

40 Wäschekorb im Badezimmer. Und hin und wieder sprang er auf einen der höchsten Küchenschränke und legte sich dort schlafen. Jedes Mal, wenn Lukas seinen Kater wiederfand, war er so froh, dass er lange still sitzen und seinen Kater anschauen musste. Für Lukas war es etwas ganz Neues, dass man so froh sein konnte, dass

45 man nichts anderes tun konnte als ganz, ganz still zu sitzen. Früher war Freude anders gewesen, da musste er laut rufen oder auf der Stelle hüpfen. Aber als Munkel in Lukas Leben kam, geschah etwas vollkommen Neues.

Henning Mankell

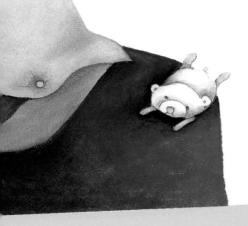

▶ Was Lukas noch alles mit Munkel erlebt, kannst du selbst nachlesen in dem Buch „Ein Kater schwarz wie die Nacht".

Großmaul und Edelkotz

Punkt 17 Uhr steht mein Tischtennistrainer mit seinem Wüstenschiff vor unserer Tür. Das Wüstenschiff ist ein Wohnmobil
älterer Bauart.

Thorsten ist so um die vierzig, ruhig und freundlich, und wenn er
5   seine dichte schwarze Haartolle zurückstreicht, sieht er aus wie ein
großer Junge. Er ist Computerspezialist. Aber seine Leidenschaft
ist Tischtennis.

Er winkt mir zu und streckt die Hand aus dem heruntergekur-
belten Fenster, Daumen nach oben. „Spitze, Philipp, dass du da
10 bist!" Ich nicke nur und hebe lässig die Hand. Dann schiebe ich
die Rolltür auf und ...

würde am liebsten gleich wieder kehrtmachen.

Auf der Querbank sitzt Kralle Papusch und grinst mir entgegen.

Kralle Papusch, der größte Chaot an unserer Schule.

15 Kralle Papusch, der keine Gelegenheit auslässt, mich zu piesacken.

„He, Weichei!", begrüßt mich Kralle.

Thorsten schiebt die Tür hinter mir zu und ich fühle mich auf
einmal wie in einer Gefängniszelle. Kralle Papusch geht in die 4b,
ich in die 4a.

20 Kralle Papusch tut sich auf dem Schulhof und überall dicke. Immer
hat er die Lacher auf seiner Seite. Wer sich mit Kralle Papusch
anlegt, ist verloren.

Keine Ahnung, warum er es ausgerechnet auf mich abgesehen hat.

Ich sage kein Wort, sehe an ihm vorbei zum Fenster hinaus.

25 Nur aus den Augenwinkeln beobachte ich ihn. Für alle Fälle.

„Ziemlich eng hier", sagte Kralle Papusch und schiebt mit dem
Fuß meine Sporttasche ein Stück über den Boden. Ein-, zweimal
sieht er zu mir rüber, aber ich reagiere nicht. Da springt er auf,
schnappt meine Sporttasche vom Boden, reißt die Kühlschranktür
30 auf, stopft meine Tasche hinein, knallt die Tür zu.

„Was macht ihr denn da hinten?", ruft Thorsten Engelmann.

„Philipp will seinen Schläger kühlen!", kräht Kralle Papusch.

„Damit er seine coole Rückhand besser hinkriegt!"

Ich rühre mich nicht. Das Dümmste, was ich jetzt machen könnte,
35 wäre, meine Tasche zurückzuholen. Darauf wartet er nur. Und der
Kühlschrank ist sowieso nicht angeschlossen.

Kralle Papusch lässt sich wieder auf die Bank fallen und schnauft.

„Haha", sage ich, „sehr witzig."

Er grinst triumphierend. Da kann ich nicht anders und zische:
40 „Du Blödmann!"

„Edelkotz!", sagt er und sieht mich von der Seite an als sei ich
ein Brechmittel.

Dann zieht er seinen Schläger aus der Plastiktüte und macht
Luftschläge, immer dicht an meinem Kopf vorbei. Mit dem Luftzug
45 kriecht auch sein Schweißgeruch in meine Nase. Es ist ja nur so
eine Redensart, aber jetzt weiß ich, was es bedeutet: Ich kann ihn
nicht riechen.

Herbert Günther

Kein gewöhnlicher Geburtstag

Um halb vier ging es endlich los.

Ich hatte Susanne eingeladen und Christiane, außerdem kamen noch Stefan und Uli. Natürlich erwartete ich auch Richard, aber der kam und kam nicht, und ich war schon ganz entnervt.

5 Wir spielten gerade Stopp-Essen, da kamen die Verwandten. Tante Marianne riss mich von meinem Stuhl runter und quetschte mich an ihren dicken Busen, obwohl ich den Mund voll hatte mit Buttercremetorte.

Sie kreischte, nein, wie ist es gewachsen, unser Andreasleinchen,
10 und fast hätte ich gekotzt, so fest drückte sie mich.

Uli spuckte vor lauter Lachen ein Stück Marmorkuchen über den Tisch. Er schrie, nein, wie niedlich ist es doch, unser Andreasleinchen, und alle lachten sich halb tot, außer Christiane, der das vermatschte Stück Marmorkuchen an die linke Backe geflogen war. Aus Rache
15 schoss sie mit ihrer Kuchengabel ein Stück Biskuitrolle auf Uli, doch das flog an ihm vorbei und landete auf Tante Gertrud, der anderen Schwester von Mama. Mama sagte, Gertrud, reg dich um Gottes willen nicht auf, denk an deine Galle.

Nach dem Kuchenessen spielten wir Blindekuh und Topfschlagen.
20 Draußen war es schon dunkel, aber Richard war immer noch nicht da. Ich ärgerte mich, weil ich dachte, er hätte meinen Geburtstag einfach vergessen.

Als wir fertig waren mit Topfschlagen, hatte Uli ein knallrotes Ohr, wo Susanne ihm den Holzlöffel draufgekloppt hatte. Ich
25 glaube, sie hat es mit Absicht getan, weil Uli beim Blindekuh-Spielen gesagt hatte, Susanne mit ihrer dicken Brille sei bestimmt die blindeste Kuh von allen, der müssten wir gar kein Tuch um die Augen binden.

Auf jeden Fall, Uli hielt sich gerade sein rotes Ohr und heulte und
30 Susanne sagte, gar kein schlechter Treffer für eine blinde Kuh, als Papa ins Kinderzimmer kam und rief, so, rein in die Klamotten, wir gehen Schlitten fahren!

Also zogen wir alle unsere dicken Sachen an, gingen raus ins Dunkle und zogen durch den Schnee unsere Schlitten hinter uns her.
35 Und dann gab es echt die tollste Überraschung!

Auf unserer Schlittenwiese, da war nämlich Richard. Er hatte den ganzen Hügel runter in zwei Reihen über vierzig Fackeln in den Schnee gesteckt, die brannten.

Richard schrie, herzlichen Glückwunsch, Blutsbruder! Und dann
40 steckte er eine Silvesterrakete an, die er extra für meinen Geburtstag aufgehoben hatte. Die Rakete zischte hoch nach oben in den Himmel und dort zerplatzte sie. Es sah aus, als ob hunderttausend Sterne aus der Dunkelheit auf die Erde stürzen. Es waren die besten Schlittenfahrten in meinem Leben. Nach einer Stunde sagte Papi,
45 wir müssten heimgehen zum Abendessen. Aber jeder durfte sich eine Fackel aus dem Schnee ziehen und mitnehmen und auf dem Nachhauseweg sangen wir alle und ich dachte, Richard ist der beste Freund auf der ganzen Welt.

Andreas Steinhöfel

▶ Diese und andere witzige und spannende Geschichten von Andreas und seinen Freunden kannst du in dem Buch „Dirk und ich" von Andreas Steinhöfel lesen.

Das Tröstepicknick

Die Wilden Hühner, vier Mädchen namens Sprotte, Frieda, Melanie und Trude, sind auf Klassenfahrt. Als Trude erfährt, dass ihre Eltern sich trennen wollen, ist sie sehr unglücklich. Mit einem Picknick am Strand wollen die anderen Mädchen ihre Freundin ein wenig aufheitern.

5 Es war ein wunderbares Picknick. Der Himmel war fast wolkenlos. Seufzend ließ sich Melanie auf den Rücken fallen. „Ich möchte jetzt erst mal gar nichts machen. Keine Strandwanderung, kein Museum besichtigen, keinen Friedhof, gar nichts." Sie kreuzte die Arme hinter dem Kopf.

10 „Das war eine tolle Idee, das mit dem Picknick", sagte Trude. „Tut wirklich gut, hier einfach so zu sitzen. Stellt euch mal vor, man würde am Meer wohnen. Muss doch toll sein, oder?"

„Ich weiß nicht", sagte Sprotte. „Ich glaub, mich würde das ewige Rauschen ganz verrückt machen."

15 „Wieso?", kicherte Melanie. „Du bist doch schon verrückt."

„Ach ja?" Sprotte warf ihr eine Ladung Sand auf den Bauch.

„Iiiih!" Melanie sprang auf und vollführte einen wilden Strandtanz, um den Sand wieder aus den Kleidern zu kriegen.

„Habt ihr was dagegen, wenn ich Matilda herhole?", fragte Frieda.

20 „Ich meine, es ist dein Picknick, aber..."

„Klar", sagte Trude. „Hol sie ruhig."

Sofort sprang Frieda auf und stapfte über den Strand zu Matilda, die ganz allein im Sand hockte und ein paar anderen aus der Klasse beim Ballspielen zusah.

25 Zögernd kam sie mit Frieda herüber.

„Hallo", murmelte Matilda. Verlegen sah sie sich um. Melanie hielt ihr eine Chipstüte hin. „Hier, willst du auch?"

Matilda griff zu.

„He, wir haben ja Trudes Geschenk fast vergessen!", rief Wilma.

30 „Hat sie Geburtstag?", fragte Matilda.

„Nein, aber wir dachten, sie kann es im Moment gut gebrauchen." Trude räusperte sich. „Meine Eltern haben sich gerade getrennt. Das hier ist mein Tröstepicknick. Von meinen Freundinnen." Sie rieb sich die Augen, „Verdammt, ich muss immer gleich heulen."

35 „Da", Wilma legte ihr ein kleines Päckchen in den Schoß. „Jetzt pack erst mal aus."

„Meine Eltern sind auch geschieden", sagte Matilda. „Aber schon lange."

„Ach, wirklich?" Trude wandte sich ihr mit einem erleichterten
40 Lächeln zu. Das Mitleid der anderen war ja wirklich eine tröstliche Sache, aber wieder mal war sie die mit dem großen Unglück. Da tat es sehr gut jemanden zu treffen, dem es auch nicht besser ging.

Matilda zuckte die Achseln. „Gibt jetzt weniger Ärger zu Hause, aber – na ja." Sie bohrte ihre nackten Zehen in den Sand.

45 Trude fummelte an der Schleife rum, mit der Wilma ihr Geschenk verschnürt hatte. Endlich schlug sie das Papier auseinander. Ein kleines Kästchen kam zum Vorschein, über und über beklebt mit Muscheln. „Oh!" Andächtig betrachtete Trude es von allen Seiten. „Ist das schön. Danke."

Cornelia Funke

▶ Die Wilden Hühner halten nicht nur zusammen, sondern sind auch ständig auf der Suche nach Abenteuern. Eines davon kannst du in dem Buch „Die Wilden Hühner auf Klassenfahrt" nachlesen.

Cornelia Funke
Die Wilden Hühner auf Klassenfahrt

Der weiße Stein

Es war ein strahlend schöner Sommertag, alle Bäume trugen Kronen
aus Sonnenstrahlen und alle Hauswände glitzerten vor Wärme.
Wie immer stand Fia hinterm Gartentor und sah auf die Straße
hinaus. Da trat ein fremder Junge aus dem gegenüberliegenden
5 Haus und sah Fia hinter dem Gartentor stehen. Mit lässigen
Schritten schlenderte er auf die Straße hinaus. Dann holte er eine
Murmel aus der Hosentasche und warf sie über die höchste Birke
im Hof. Nach dieser Heldentat marschierte der Junge geradewegs
auf das Tor zu. Fia rührte sich nicht.
10 „Warum stehst du hier?", fragte der Junge. Fia antwortete nicht.
Da wurde der Junge ganz still und sah sie nur an. Er sah sie so
lange an, dass sie ihn schließlich auch ansehen musste. Sie trat
einen Schritt zurück und tastete in ihrer Tasche nach dem weißen
Stein, den sie hineingesteckt hatte.
15 „Bleib hier!", rief der Junge. „Komm her!"
Sie machte einen Schritt auf ihn zu. Er zog sie an sich und hielt
ihre Hand fest, ausgerechnet die Hand, in der sie den weißen Stein
hielt. Er bog ihre Finger auseinander und nahm ihr den Stein weg.
„Das darfst du nicht!", rief sie.
20 „Ich mache, was mir passt!", sagte der Junge.
„Aber er gehört mir!"
„Quatsch, das ist doch bloß ein Stein!"
„Das ist mein allerschönster Troststein! Das ist der glatteste
und beste Stein, den es gibt! Und ganz weiß ist er auch.
25 Gib ihn mir!"

Jetzt sah er sie wieder so an wie vorhin, und plötzlich spürte Fia, dass heute etwas Besonderes mit ihr los war. Sie hätte sich am liebsten in ein Raubtier, in eine Heulsuse oder in eine verzauberte Prinzessin verwandelt, am besten in alles gleichzeitig.

30 Da öffnete er die Hand und gab ihr den Stein. Sie sahen ihn zusammen an.

„Wie heißt du?", fragte er.

„Ich heiße ... Fideli", antwortete Fia. „Und wie heißt du?"

„Hampus", sagte der Junge.

35 Und dann betrachteten sie wieder den Stein in Fidelis Hand.

„Wenn ich Augen, Nase und Mund auf die Kirchturmuhr male, kriege ich dann den weißen Stein von dir?", fragte Hampus.

„Ja, dann kriegst du ihn!", rief Fideli und hüpfte auf verzauberten Füßen vom Gartentor fort. Hampus kehrte dem Gartentor den

40 Rücken zu. Ihm war so komisch zumute, was war nur mit ihm los? Aber es war nichts Schlimmes! Er war ganz einfach froh. Froh bis in die Magengrube hinein! Froh und stark! Es war dasselbe Gefühl wie beim Seifenblasenmachen: Etwas Fantastisches schimmert vor einem auf und wächst und wächst, und man spürt, dass dies die

45 größte Seifenblase wird, die es je gegeben hat ...

Er drehte sich um und sah der verschwundenen Fideli nach.

Gunnel Linde

▶ Wird Hampus es schaffen, ein Gesicht auf die Kirchturmuhr zu malen? Das und weitere spannende Abenteuer von Fia und ihrem neuen Freund Hampus kannst du in dem Buch „Der weiße Stein" nachlesen.

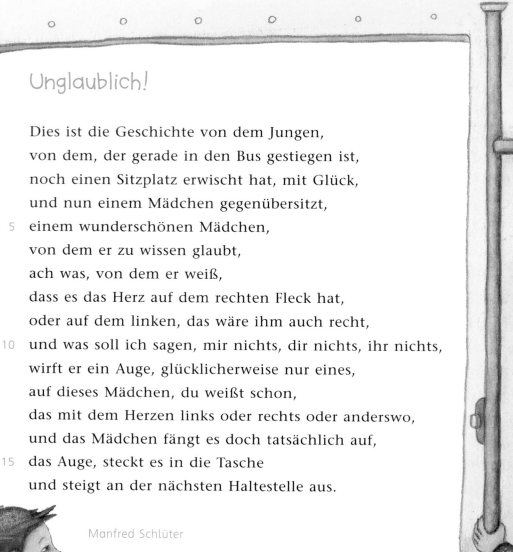

Unglaublich!

Dies ist die Geschichte von dem Jungen,
von dem, der gerade in den Bus gestiegen ist,
noch einen Sitzplatz erwischt hat, mit Glück,
und nun einem Mädchen gegenübersitzt,

5   einem wunderschönen Mädchen,
von dem er zu wissen glaubt,
ach was, von dem er weiß,
dass es das Herz auf dem rechten Fleck hat,
oder auf dem linken, das wäre ihm auch recht,

10 und was soll ich sagen, mir nichts, dir nichts, ihr nichts,
wirft er ein Auge, glücklicherweise nur eines,
auf dieses Mädchen, du weißt schon,
das mit dem Herzen links oder rechts oder anderswo,
und das Mädchen fängt es doch tatsächlich auf,

15 das Auge, steckt es in die Tasche
und steigt an der nächsten Haltestelle aus.

Manfred Schlüter

Also echt!

Ich ging langsam über den Gehsteig, den Blick auf die grauen
Pflastersteine am Boden gerichtet. Ich sah ein zerknülltes Duplo-
Papierchen. Ich sah ein paar Scherben und eine ausgetretene
alte Zigarettenkippe. Dann sah ich zwei kleine Füße mit

5   hellen Strümpfen in offenen Sandalen.
Ich hob den Kopf. Der Junge, der da vor mir stand, reichte
mir gerade so bis an die Brust. Das heißt, sein dunkel-
blauer Sturzhelm reichte mir bis an die Brust. Es war ein
Sturzhelm, wie ihn die Motorradfahrer tragen. Ich hatte

10 gar nicht gewusst, dass es die auch für Kinder gibt. Es sah
völlig beknackt aus. Das Durchguckding vom Helm war
hochgeklappt.
„Was machst du da?", sagte der Junge.
„Ich suche was."

15 „Wenn du mir sagst, was, kann ich dir helfen."
„Eine Nudel."
Er guckte sich ein bisschen auf dem Gehsteig um. Als er den
Kopf senkte, brach sich spiegelnd und blendend Sonnenlicht auf
seinem Helm.

20 „Was für eine Nudel ist es denn?", sagte er.
„Auf jeden Fall eine Fundnudel. Eine Rigatoni, aber nur vielleicht.
Genau kann man das erst sagen, wenn man sie gefunden hat,
sonst wäre es ja keine Fundnudel. Ist doch wohl logisch, oder?"
„Hm..." Er legte den Kopf leicht schräg. „Kann es sein, dass du ein

25 bisschen doof bist?"
Also echt!

91

„Ich bin ein tiefbegabtes Kind."

„Tatsache?" Jetzt sah er wirklich interessiert aus. „Ich bin hoch-
begabt." Nun war ich auch interessiert. Obwohl der Junge viel
kleiner war als ich, kam er mir plötzlich viel größer vor. Es war
30 ein merkwürdiges Gefühl.

„Ich muss jetzt weiter", sagte ich zu dem Jungen. „Bevor es dunkel
wird. Sonst verlaufe ich mich womöglich."

„Wo wohnst du denn?"

„Da vorn, das gelbe Haus. Die 93. Rechts."

35 Ich ärgerte mich im selben Moment, dass ich rechts gesagt hatte.
Der Junge schaute an meinem ausgestreckten Arm entlang. Als
er die 93 sah, rutschte seine Stirn erst rauf, als wäre ihm gerade
eine tolle Erleuchtung gekommen oder so was, und dann wieder
runter, als würde er gründlich über etwas nachdenken.

40 Zuletzt wurde seine Stirn wieder ganz glatt und er grinste.

„Du bist wirklich doof, oder? Wenn man etwas direkt vor Augen
hat und nur geradeaus gehen muss, kann man sich unmöglich
verlaufen." Immerhin stimmte die Straßenseite. Trotzdem wurde
ich langsam sauer.

45 „Ach ja? Ich kann das. Und wenn du wirklich so schlau wärst, wie du
behauptest, wüsstest du, dass es Leute gibt, die das können."

„Ich –"

„Und ich sag dir noch etwas: Es ist kein bisschen witzig! Ich hab
mir nicht ausgesucht, dass aus meinem Gehirn manchmal was raus-
50 fällt! Ich bin nicht freiwillig dumm oder weil ich nicht lerne!"

▶ Können ein tiefbegabtes und ein hoch-
begabtes Kind überhaupt Freunde sein?
Und was hat es mit dieser Fundnudel
auf sich? Das erfährst du in dem Buch
„Rico, Oskar und die Tieferschatten".

„Hey, ich –"

„Aber du bist ja wohl eins von den Superhirnen, die alles wissen und dauernd mit irgendwas angeben müssen, weil sich nämlich keiner für sie interessiert, außer, wenn sie im Fernsehen Geige
55 spielen!"

Jetzt sagte der Junge gar nichts mehr. Er guckte runter auf seine Sandalen. Dann guckte er wieder hoch. Seine Lippen waren ganz dünn geworden. Er streckte eine Hand aus. Sie war so klein, dass sie doppelt in meine passte.

60 „Ich heiße Oskar", sagte er. „Und ich möchte mich aufrichtig bei dir entschuldigen. Ich hätte mich nicht über dich lustig machen dürfen. Das war arrogant."

Ich hatte keine Ahnung, was er mit dem letzten Wort meinte, aber die Entschuldigung hatte ich verstanden.

65 Man muss nett sein, wenn jemand sich entschuldigt. Wenn einer nur so tut als ob, kann man ruhig weiter sauer sein, aber Oskar meinte es aufrichtig. Hatte er ja gesagt.

„Ich heiße Rico", sagte ich und schüttelte seine Hand.

Andreas Steinhöfel

93

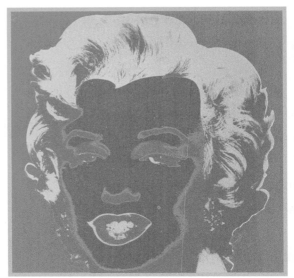

Andy Warhol

Stars

Du willst ein Star sein?
Weltberühmt?
Das ist dein großer Traum.
Autogramme, Fotoshootings –
5 Zeit für dich? Wohl kaum!

Rollen wechseln,
Make-up tragen,
Spiel mit Illusion.
Ruft dich dann der Regisseur,
10 gehst du auf Position.

Nach dem Drehen
und dem Cut
kommt der Film dann raus.
Du siehst dich bald in Hollywood
15 und hörst schon den Applaus.

Regina Sievert

Berufe bei Film und Fernsehen

Beim Fernsehen und bei Filmproduktionen gibt es die unterschiedlichsten Berufe, die für Männer und Frauen gleichermaßen interessant und geeignet sind.

Ohne die Kameraleute geht
5 beim Film natürlich nichts. Von ihren Bildern hängt es zu einem großen Teil ab, ob es ein guter Film wird oder nicht. Wirklich begabte Kameraleute
10 sind im Filmgeschäft sehr gefragt und für den Erfolg eines Filmes ebenso wichtig wie erfahrene Regisseure und berühmte Schauspieler.

15 Was so lebensecht und natürlich aussieht, ist oft nur eine Illusion. Bühnenbildner bauen Wirklichkeiten – besonders wichtig sind sie bei fantastischen Filmen. Wenn die Heldinnen gefährliche Abenteuer bestehen oder Ritter gegeneinander kämpfen, müssen fantasievolle Bühnenbildner ans Werk. Auch der Nebel im Geisterfilm wird von
20  Bühnenbildnern gemacht.

Früher wurden Zeichen-
trickfilme mit der Hand
gemalt. Heute werden
Animationsfilme am
25 Computer erstellt. Daraus
hat sich der Beruf des
Animators entwickelt.

Cutter wählen aus dem
Filmmaterial die besten
30 Szenen aus und setzen sie
zu einem Film zusammen. Das ist eine schwierige und wichtige
Arbeit, denn der richtige Schnitt bestimmt Tempo und Spannung
des Films. Meist können die Cutter nur etwa ein Zehntel des gedreh-
ten Materials verwenden. Das bedeutet, dass sie aus 15 Stunden
35 Filmmaterial 90 Minuten Film zusammenschneiden müssen.

Maskenbildner sorgen dafür,
dass die junge Prinzessin
bildhübsch und Graf Dra-
cula hübsch schrecklich
40 aussehen. Ein Schauspieler
wird unter ihren Händen
oft zu einer ganz anderen
Person.

nach Norbert Golluch

Wie entstehen Fernsehnachrichten?

Welche Partei hat die Wahl gewonnen? Wer ist Deutscher Meister geworden? Brauchen wir morgen einen Regenschirm? Die Antworten auf diese und andere Fragen geben die Nachrichtensendungen im Fernsehen. Aber wie entsteht eine Nachrichtensendung?

5 Die Mitarbeiter der Nachrichten-Redaktion entscheiden jeden Tag, welche Meldungen die Nachrichtensprecher verlesen. Zuvor haben sie die aktuellen Meldungen durchgesehen, die von den Nachrichten-Agenturen angeboten werden. Außerdem arbeiten im Ausland Korrespondenten für die Fernsehsender. Sie berichten
10 direkt vor Ort über wichtige Ereignisse.

Einige der Nachrichten werden als Filmbeiträge gesendet.
Dazu fahren Reporter mit Kamerateams zu den Orten, an denen gerade etwas Interessantes geschieht. Dort führen sie Interviews und drehen passende Bilder.

15 Anschließend wird der Beitrag für die Sendung geschnitten. Dabei werden verschiedene Filmausschnitte aneinandergefügt. Manchmal passiert das unter großem Zeitdruck, um die Nachricht möglichst aktuell senden zu können.

Während der Sendung ist außer den Sprechern niemand im
20 Nachrichtenstudio. Jetzt muss absolute Ruhe herrschen. Die Kameras werden vom Regieraum nebenan durch Fernbedienung gesteuert.

Am Ende der Sendung gibt es eine Live-Schaltung zu den Meteorologen, die den Wetterbericht ansagen. Sie stehen wie die Nachrichtensprecher vor einer blauen Wand, der Bluebox. Mit einem technischen Trick
25 werden die Karten und Grafiken, die man in der Sendung sieht, auf den blauen Hintergrund projiziert.

Tierische Filmstars

Die Eule Hedwig bringt Harry Potter Briefe. Terrier Kalle packt einen Dieb an der Kapuze und hält ihn, bis die Polizei da ist und ihn verhaftet.

5 Schweinchen Babe freundet sich mit einem Hund an, statt vor ihm davonzurennen.

Aber woher weiß ein Hund oder eine Eule bei den Dreharbeiten, wie der

10 Regisseur sich die Szene vorgestellt hat?

Bei den Dreharbeiten zum Harry-Potter-Film wurde die Eule Hedwig von einer Reihe verschiedener Eulen gespielt. Ein britischer Filmtiertrainer hat sie als Küken besorgt und aufgezogen, immer

15 unter der Aufsicht der Tierschutzbehörden.

Wenn Hedwig im Film einen Brief im Schnabel bringt, dann trägt sie den in Wirklichkeit an einem unsichtbaren Gurt, der ihr umgeschnallt ist. In Szenen, die gefährlich werden könnten, wird sie durch ein Stofftier ersetzt, oder der Ausschnitt wird im Computer

20 als Trick-Animation nachgestellt.

Beim ersten Harry-Potter-Film brauchte der Tierausbilder sieben Monate Training, ehe Hedwig auf

25 Kommando durch den Saal flog. „Ganz ehrlich gesagt: Eulen sind nicht gerade die Hellsten", sagt der Trainer.

30 Hunde dagegen sind leichter auszubilden.

Hinter dem Film-Hund aus der Serie „Da kommt Kalle" beispiels-
weise verbergen sich in Wirklichkeit drei echte Vierbeiner. Ihre
Trainerin ist während der Dreharbeiten die ganze Zeit dabei. Am
Morgen jedes Drehtages geht es erst einmal auf einen ausgiebigen
35 Spaziergang. Damit ein Hund konzentriert mitarbeitet, müssen
erst seine Grundbedürfnisse gestillt sein: Fressen, Auslauf, Spielen
mit anderen Hunden.

Das Geheimnis für das Gelingen der Kunststücke heißt: immer
wieder belohnen, belohnen und noch mal belohnen.

40 Das ist bei allen Tierarten so. Die Hunde
bekommen von ihrer
Trainerin jedes Mal ein
Leckerli. Dazu juchzt
45 sie begeistert – an der
hohen Stimme erken-
nen die Tiere, dass sie
etwas Richtiges getan
haben.

50 Für den Kinofilm „Ein Schweinchen namens Babe" haben Holly-
wood-Tiertrainer Carl Miller und seine 60 Mitarbeiter bereits acht
Monate vor den Dreharbeiten mit dem Training begonnen.
Babe wurde im Film von 48 verschiedenen Ferkeln gespielt.
Schließlich dauerten die Dreharbeiten sechs Monate – da wäre ein
55 einziges Schwein längst kein süßes, kleines Ferkel mehr, sondern
ziemlich erwachsen.
Außer Schweinen spielten in dem Film noch 800 Schafe, 30 Enten,
37 Mäuse und jede Menge andere dressierte Tiere mit.

Tobias Zick

Tintenherz – Vom Buch zum Film

Die Autorin Cornelia Funke beantwortet Fragen zur Verfilmung ihres Buches „Tintenherz".

Wie war es für Sie, die Figuren, die Sie sich ausgedacht haben, im Film zu sehen?

5 **CF:** Das war sehr aufregend. Der Regisseur hat den Figuren ein wirkliches Gesicht gegeben. Dadurch sehen sie auch in meinem Kopf auf einmal etwas anders aus.

Haben sich die Figuren sehr verändert?

10 **CF:** Ja und nein. Es ist, als ob man neue Seiten an ihnen entdeckt. Mir war wichtig, dass ich ein großes Mitspracherecht bei der Verfilmung hatte, damit sie meiner Geschichte nicht deutlich widersprechen würde.

Wie wird aus einem Buch ein Film? Was muss man beachten?

15 **CF:** Aus dem Buch muss erst einmal ein Drehbuch werden. Manchmal schreiben das die Autoren selbst, manchmal arbeiten Drehbuch-Autoren daran. Die Geschichte muss für den Film gekürzt und oft auch etwas verändert werden. Ganz wichtig ist auch das Casting, bei dem die Schauspieler für die Rollen ausgesucht werden.

20 Sie sollen den Figuren im Roman möglichst gut entsprechen. Außerdem muss nach einem geeigneten Drehort gesucht werden, der gut zur Geschichte passt.

Soll man zuerst das Buch lesen oder den Film ansehen?

CF: Wenn man das Buch zuerst liest, kann man sich seine eige-
25 nen Bilder von den Figuren machen. Aber es ist auch spannend, anschließend zu sehen, wie die Geschichte im Film umgesetzt wird.

Daumenkino

Das Kino für die Hosentasche gibt es schon seit dem 18. Jahrhundert. In Deutschland kennt man das Daumenkino auch als *Abblätterbuch* oder *Taschenkino*. Im englischsprachigen Raum nennt man es *Flip-Book* oder *Kineograph*.

Unser Auge setzt die schnell vorbeiziehenden Einzelbilder zu einer fließenden Bewegung zusammen. Dies nennt man den *Stroboskopischen Effekt*.

Ein Daumenkino kannst du leicht selbst herstellen.

Du brauchst:
- 20 genau gleich lange Streifen aus festem Papier (etwa 6x12 cm groß)
- Bleistift und Buntstifte
- ein Gummiband

So wird es gemacht:
- Denke dir eine einfache Filmszene aus.
- Zeichne das erste Bild.
- Verändere die Situation auf der nächsten Zeichnung ein kleines bisschen.
- So fährst du fort, bis die Szene fertig ist.
- Sortiere die Bilder nach der Reihenfolge.
- Binde dein Daumenkino an der linken Seite mit dem Gummiband zusammen.
- Jetzt kannst du die Blätter schnell zwischen Daumen und Zeigefinger durchlaufen lassen. So bringst du die Bilder zum Laufen.

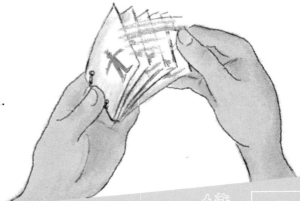

Webcam-Party

So eine große Geburtstagsfeier hatte Marie-Louise in ihrem ganzen
Leben noch nicht gefeiert. Sie stand in der Mitte von Kios Zimmer
und konnte ihr Glück kaum fassen, während sie mit den anderen
auf Kio wartete. „Ich habe noch eine Überraschung für dich", hatte
5   er ihr angekündigt. „Da bin ich schon!" Kio kam ins Zimmer und
schaltete gleich seinen Computer an. Dabei rief er laut: „Bitte alle
mal herhören!" Kio ging online, klickte sich ins Internet und rief
das Programm seiner Webcam auf.

„So, jetzt Daumen drücken, dass es klappt!", rief Kio. Er klickte
10 auf seine Maus. Auf dem Monitor erschien ein kleiner blauer
Bildschirm, auf dem es plötzlich zu flackern und flimmern anfing.
„Oh!", staunte Marie-Louise. Auf dem Monitorbild sah man zwei
Mädchen und zwei Jungen nebeneinandersitzen. Sie lachten und
winkten. Marie-Louise hielt es zunächst für eine Videoaufnahme.
15 Dann erst begriff sie, dass es live war. Eine Live-Übertragung aus
ihrer alten Schule in Kikwit im Kongo! Das Klassenzimmer hatte
keine Wände, sondern war lediglich durch einige Holzpfeiler
begrenzt, auf die ein loses Dach montiert war. Tische und Stühle

standen auf einem Boden aus Sand. Eines der Mädchen stand auf,
20 ging auf die Kamera zu und schwenkte sie. Marie-Louise sah nun,
dass sie alle da waren. Ihre gesamte Klasse winkte und gratulierte
ihr mit einem Lied zum Geburtstag.

Ihre Klassenkameraden in Kikwit staunten ihrerseits nicht schlecht,
als sie Marie-Louise im Zimmer eines Steinhauses sitzen sahen,
25 in dem sich dicht an dicht Kinder drängten. „Schnell, einen
Gruß!", drängte Kio. „Die Verbindung läuft über einen Laptop
mit Akkustrom und einem Funktelefon. Die hält nicht lange und
ist teuer!"

„Wie hast du das gemacht?", fragte Computerfreak Ben.
30 „Pst!", ermahnte ihn Jennifer. „Das ist doch jetzt egal. Lass sie
ihren Gruß sagen!"
Marie-Louise sprach mit den Kindern in Kikwit.
„Was ist das denn für eine Sprache?", fragte Thomas flüsternd.
„Afrikaans!", behauptete Ben.
35 Jennifer lachte kurz auf. „Quatschkopf. Das ist Französisch!"
Da war die Verbindung schon beendet.

Andreas Schlüter

Honoré Daumier

Don Quichotte

Don Quichotte, dessen Abenteuer ich euch gleich erzählen werde, war ein armer spanischer Edelmann, der für sein Leben gern ein Ritter gewesen wäre. Ein Ritter in voller und blitzender Rüstung, mit Lanze, Schild und Schwert und auf einem feurigen Hengst. Obwohl es zu

5 seiner Zeit vor etwa dreihundertfünfzig Jahren solche Ritter schon lange nicht mehr gab!

Nun hätte das keinerlei Aufsehen erregt, wenn Don Quichotte seine Ritterträume hübsch für sich behalten und zu Hause im Lehnstuhl geträumt hätte. Doch so bequem machte er es sich und

10 den anderen nicht!

Er dachte nicht: Ach, wäre ich doch ein tapferer Ritter! Ach, könnte ich doch den Schwachen und Bedrängten helfen! Ach, hätte ich doch verwegene Feinde, um sie zu besiegen! Nein, er hielt gar nichts von wäre und könnte und hätte!

15 Sondern er erhob sich aus seinem Lehnstuhl, schlug mit der Faust auf den Tisch und rief blitzenden Auges: „Ich bin ein Ritter! Ich habe Feinde! Und ich werde den Schwachen helfen!" Dann holte er die eiserne Rüstung seines Urgroßvaters vom Boden, putzte und kratzte den Staub, die Spinnweben und den Rost

20 weg, reparierte den Helm und das Visier, kletterte in die Rüstung hinein, band den Helm fest, zog sein Pferd aus dem Stall, das so dürr war wie er selber, stieg ächzend hinauf, setzte sich zurecht und ritt davon.

Erich Kästner

Die Sage von König Artus

Vor vielen Jahrhunderten trug es sich zu, dass Uther, der alte König von Britannien, starb. Niemand wusste, wer der neue König sein sollte. Zu jener Zeit glaubten die Menschen an die Zauberkraft der „weisen Frau vom See".

5 „Ich muss einen König für Britannien finden", dachte die weise Frau vom See und beschloss, ihren magischen Spiegel zu befragen. Langsam formte sich ein Bild im Zauberspiegel. Es war Artus, der Ziehsohn eines britannischen Adeligen.

„Der edle Artus also soll mit meiner Hilfe König von Britannien 10 werden", dachte sie und ersann einen klugen Plan.

Sie trieb mit ihrer Zauberkraft ein prächtiges Schwert in einen Eisenamboss und schrieb darunter die Worte: „Wer dieses Schwert herauszieht, ist der rechtmäßige König von Britannien."

Kaum hatte sich die Nachricht vom Schwert im Amboss im Lande 15 verbreitet, bereiteten sich die stärksten Ritter auf die Kraftprobe vor. Insgeheim hoffte jeder, König zu werden.

Viele andere Ritter erprobten ihre Kräfte an dem Schwert, doch keiner vermochte es herauszuziehen.

„Wir müssen aber einen König finden, der gegen die Feinde zieht", 20 sagten die Adeligen des Landes. In der Not beschloss man, ein Ritterturnier abzuhalten. Der Sieger sollte König werden.

Wer dieses Schwert herauszieht, ist der rechtmäßige König von Britannien.

Am Wettkampftag versammelten sich die mächtigsten Ritter
des Landes zum Turnier. Auch Artus war als Knappe dabei. Zu
25   gerne hätte er auch mitgefochten. Aber er besaß ja nicht einmal
ein Schwert. Betrübt schlenderte er zu dem Amboss, in dem das
Schwert der weisen Frau vom See steckte.

„Ach, könnte ich nur dieses herrliche Schwert herausziehen",
dachte Artus sehnsüchtig. Da plötzlich erblickte er neben sich
30   eine leuchtende Frauengestalt.

„Ich bin die weise Frau vom See", sagte sie, „ziehe das Schwert
heraus, Artus, ich gebe dir die Kraft dazu. Es ist ein Zauberschwert
und heißt Excalibur. Solange du es besitzt, kann dich keiner
besiegen. Aber du darfst nie vergessen, dass ich dir Excalibur gab.
35   Nur mit meiner Hilfe wirst du König sein."

Artus wusste nicht, wie ihm geschah! Seine Hände ergriffen wie
von selbst den Knauf des Schwertes, und mit einem Ruck zog er
es aus dem Amboss.

Wie staunten die Ritter, als Artus mit dem Schwert in der Hand auf
den Turnierplatz zurückkehrte. „Artus trägt das Schwert aus dem
40   Amboss!", flüsterten die edlen Männer ehrfürchtig. Sie knieten
nieder und riefen jubelnd. „Hoch lebe König Artus!"

erzählt von Angelika Lukesch

Wie man im Mittelalter aß

Bei wohlhabenden Rittern wurde dreimal gegessen. Zum Frühstück gab es Brot, Fleisch und Wein. Mittags Brot in Wein oder Bier eingebrockt. Die Hauptmahlzeit war das Abendessen. Zum Beispiel: Brei aus Hafer mit Pökelfleisch und Suppe mit Bohnen oder
5 Erbsen. Arme Ritter lebten kaum besser als die Bauern. Fleisch gab es nur selten. Am ehesten im Winter und an den Feiertagen. Statt Wein trank man Wasser. Gegessen wurde Fladenbrot aus Roggen und Hafer und dazu ein Mus aus Getreide oder Erbsen, Linsen oder Bohnen. Oft hungerten Ritter wie Bauern, wenn es in einem
10 Jahr zu trocken war oder zu viel geregnet hatte, sodass die Ernte vernichtet wurde. Die Tische hatten noch keine Beine, sondern bestanden aus Brettern, die auf Böcke gelegt wurden. Darüber kam bei reichen Leuten eine Tischdecke. Die Bissen wurden mit der Hand zum Mund geführt, Soßen und Suppen mit einem Holzlöffel
15 gegessen. Oft mussten zwei oder mehr Personen aus einem Becher trinken und von einem Teller essen, denn Geschirr war teuer.

Gerold Scholz

Tannhausers Hofzucht

Kein edelmann soll mit einem andern
von einem löffel essen.

Wer mit dem löffel seine speise
nicht aufnehmen kann, der schiebe sie nicht
5 mit den fingern darauf.

Bevor man trinkt, wischt man den mund,
damit das fett nicht in den becher tropft.

Es ist eine unsitte, mit angebissenem brot
wieder in die schüssel einzutunken.

10 Den knochen, den man abgenagt hat,
legt man nicht in die schüssel zurück.

Wer gerade essen im mund hat,
der trinke nicht wie ein vieh.

Ich saz ûf eime steine

Ich saz ûf eime steine
und dahte bein mit beine.
dar ûf satzt ich den ellenbogen.
ich hete in mîne hant gesmogen
5 daz kinne und ein mîn wange.

Dô dâhte ich mir vil ange,
wie man zer welte solte leben;
deheinen rât kond ich gegeben,
wie man driu dinc erwurbe,
10 der keines niht verdurbe.

*Ich saß auf einem Stein
und schlug ein Bein über das andere.
Darauf stützte ich den Ellbogen.
Ich hatte in meine Hand
das Kinn und meine eine Wange
geschmiegt.
Dann dachte ich sehr gründlich nach,
wie man in der Welt leben soll.
Ich hatte keine Ahnung,
wie man an drei Ideen kommt,
die ein- für allemal gelten.*

Walther von der Vogelweide

Der Handschuh

Vor seinem Löwengarten,
das Kampfspiel zu erwarten,
saß König Franz,
und um ihn die Großen der Krone,
5 und rings auf hohem Balkone
die Damen in schönem Kranz.

Und wie er winkt mit dem Finger,
auf tut sich der weite Zwinger,
und hinein mit bedächtigem Schritt
10 ein Löwe tritt
und sieht sich stumm
rings um,
mit langem Gähnen
und schüttelt die Mähnen
15 und streckt die Glieder
und legt sich nieder.

Und der König winkt wieder,
da öffnet sich behänd
ein zweites Tor,
20 daraus rennt
mit wildem Sprunge
ein Tiger hervor.

Wie der den Löwen erschaut,
brüllt er laut,
25 schlägt mit dem Schweif
einen furchtbaren Reif
und recket die Zunge,
und im Kreise scheu
umgeht er den Leu
30 grimmig schnurrend,
drauf streckt er sich murrend
zur Seite nieder.

Und der König winkt wieder,
da speit das doppelt geöffnete Haus
35 zwei Leoparden auf einmal aus,
die stürzen mit mutiger Kampfbegier
auf das Tigertier,
das packt sie mit seinen grimmigen Tatzen,
und der Leu mit Gebrüll
40 richtet sich auf, da wird's still,
und herum im Kreis,
von Mordsucht heiß,
lagern sich die gräulichen Katzen.

Da fällt von des Altans Rand
45 ein Handschuh von schöner Hand
zwischen den Tiger und den Leun
mitten hinein.
Und zu Ritter Delorges spottenderweis
wendet sich Fräulein Kunigund:
50 „Herr Ritter, ist Eure Lieb so heiß,
wie Ihr mir's schwört zu jeder Stund,
ei, so hebt mir den Handschuh auf."

Und der Ritter in schnellem Lauf
steigt hinab in den furchtbarn Zwinger
55 mit festem Schritte,
und aus der Ungeheuer Mitte
nimmt er den Handschuh mit keckem Finger.

Und mit Erstaunen und mit Grauen
sehen's die Ritter und Edelfrauen,
60 und gelassen bringt er den Handschuh zurück.
Da schallt ihm sein Lob aus jedem Munde,
aber mit zärtlichem Liebesblick –
er verheißt ihm sein nahes Glück –
empfängt ihn Fräulein Kunigunde.
65 Und er wirft ihr den Handschuh ins Gesicht:
„Den Dank, Dame, begehr ich nicht"
und verlässt sie zur selben Stunde.

Friedrich von Schiller

Der geheimnisvolle Ritter Namenlos

König Wilfried der Wohlriechende hatte drei Söhne, denen ließ er
all das beibringen, was sein Vater ihm hatte beibringen lassen: das
Reiten, das Kämpfen mit Schwert und Lanze und gute Manieren
beim Essen. Doch dann gebar die Königin eine Tochter. Und starb
5 bei der Geburt. Und niemand konnte dem König sagen, was man
einer Tochter beibringt. Also ließ er sie dasselbe lernen wie seine
Söhne. Die Brüder lachten dreistimmig über ihre kleine Schwester
Violetta, die Mühe hatte, in der schweren Rüstung auf ein Pferd zu
steigen. Violetta jedoch schlich künftig jede Nacht aus dem Palast,
10 um all das zu üben, was ihre Brüder so viel besser konnten.

Doch dann kam der Tag vor ihrem sechzehnten Geburtstag.
„Violetta", sagte ihr Vater, „ich werde zur Feier deines Geburtstages
ein Turnier veranstalten. Der Siegerpreis wird die besten Ritter des
Landes herbeilocken."
15 „Und was für ein Preis wäre das, Vater?", fragte Violetta, während
sie überlegte, welches Pferd sie reiten würde, welche Rüstung die
leichteste war und welcher Federbusch ihren Helm zieren sollte. „Der
Sieger", erwiderte König Wilfried, „wird dich zur Frau bekommen.
Also zieh dir dein schönstes Kleid an und übe vor dem Spiegel,
20 freundlich zu lächeln."
„Niemals!", rief Violetta. „Niemals werde ich so einen Blechkopf
heiraten!"

Ihr Geburtstag kam und auf dem Turnierplatz hinter dem Palast drängten sich die Ritter. Neben dem König aber saß nicht Violetta,
25 sondern Emma, ihre Dienerin, in Violettas schönstem Kleid, mit einem Schleier vor dem Gesicht. Die Fanfaren erklangen und das Turnier um die Hand der Prinzessin begann. Ein Ritter nach dem anderen trieb sein Pferd in die Schranken, doch ein Ritter in schwarzer Rüstung besiegte sie alle: Sigurd von Drachentod, Götz
30 Ohnegnaden, ja, selbst die drei Söhne des Königs warf der namenlose Ritter in den Staub. Schließlich fand sich niemand mehr, der sich mit ihm messen wollte. Und der Ritter ohne Namen ritt zum Platz des Königs und senkte die Lanze, um den Siegerkranz zu empfangen.

35 „Woher stammt Ihr, Ritter Namenlos?", fragte Wilfried der Wohlriechende. „Ihr habt Eurem Haus wahrlich Ehre gemacht, meine Tochter wird sich glücklich schätzen, Euch zum Mann zu bekommen."
„Oh, das glaube ich nicht", antwortete der Ritter Namenlos und
40 nahm seinen Helm ab. „Guten Tag, Vater", sagte Violetta. „Was soll mein Siegespreis sein?" Doch ihr Vater, der König, fand zum ersten Mal in seinem Leben keine Worte.
Da wandte sich Violetta zu den anderen Rittern, die zerbeult und zerschrammt auf ihren Pferden saßen. „Wohlan, so wähle ich mir
45 den Preis eben selbst", sagte sie.

Cornelia Funke

Entstehung und Bedeutung der Wappen

Bei den Kämpfen der Ritter im Mittelalter herrschte oft ein großes Getümmel. Daher war es wichtig, Freunde und Feinde in ihren Rüstungen auseinanderzuhalten. Deshalb malten die Ritter gut sichtbare Zeichen auf ihre Schilde.

5 Daraus entwickelten sich die Wappen. Auch Rüstungen, Helme, Lanzen, Fahnen und Pferdedecken wurden mit diesen Wappen geschmückt.

Um die verschiedenen Wappen erkennen und unterscheiden zu können, nahmen Fürsten, Könige und reiche Ritter Herolde mit

10 in den Kampf. Sie kannten sich in der Wappenkunde aus, und wussten, wer sich hinter welchem Wappen verbarg.

Die Herolde führten Wappenbücher, in denen alle bekannten Wappen verzeichnet waren. Die Figuren und Farben der Wappen hatten alle eine bestimmte Bedeutung.

15 So stand zum Beispiel der Löwe für Mut, der Baum für Stärke und der Schwan für Schönheit. Meist wurden die Farben Rot, Blau, Grün und Schwarz verwendet und mit den Metallfarben Silber und Gold kombiniert.

Manchmal konnte man auch den Namen der Familie an den

20 Zeichen im Wappen erkennen. Die Familie Barby zum Beispiel hatte zwei Barben, das sind Fische, im Wappen. Wurden Werkzeuge dargestellt, konnte man so auf den Beruf des Wappenträgers schließen. Außerdem erkannte man an bestimmten Zeichen im Wappen, aus welchem Ort jemand stammte.

Das Geheimnis des Roten Ritters

Pfingsten im Jahre 1184: In Mainz wird ein großes Fest am Hof des Kaisers gefeiert. Auch der Vater der Zwillinge Johanna und Hagen reitet mit seinem Gefolge zum Fest. Zu gern wären auch die Geschwister dabei, doch der Vater verbietet es ihnen. Da fassen sie einen Plan:

5 *Heimlich wollen sie dem Vater folgen. Nahe der Hochstraße beobachten sie, wie ein rot gekleideter Ritter an ihnen vorbeiprescht. Dabei verliert er einen mit Gold gefüllten Lederbeutel. Die Kinder nehmen den Beutel an sich, folgen dem Ritter und treffen ihn in einem Gasthaus auf dem Weg nach Mainz.*

10 „Verzeiht, hoher Herr", sagte Hagen höflich, als er auf den Edelmann zutrat. Der Fremde zog die Brauen zusammen und machte eine Handbewegung, als wollte er eine Fliege verscheuchen. Doch Hagen blieb stehen und sah dem Mann in die Augen.
„Wir waren gestern früh auf der Hochstraße", sagte er schnell.

15 Der Fremde fuhr so heftig auf, dass er fast den Tisch umwarf.
„Was wollt ihr?", zischte er.
„Wir wollen Euch geben, was das Eure ist. Das, was Ihr verloren habt", beeilte sich Johanna zu sagen.
Der Fremde sah sich lauernd um. „Setzt euch!", sagte er. Es klang

20 wie ein Befehl und nicht wie eine freundliche Aufforderung.

Doch als die Geschwister ihm gegenüber Platz genommen hatten, änderte sich plötzlich sein Benehmen. „Ihr beide habt also gefunden, was ich verloren habe?", fragte er und lächelte Johanna dabei an.

„Ja", antwortete sie. „Euren Lederbeutel."

25 „Wir haben gesehen, wie er Euch auf die Straße gefallen ist", fügte Hagen an. „Und wir haben auch das Wappen erkannt."

Für einen Moment huschte wieder ein Schatten über das Gesicht des Mannes. „Das Wappen?"

„Die gekreuzten Schwerter", beeilte sich Hagen zu sagen. „Auf
30 Eurem Umhang. Und auf dem Beutel."

Für ein paar Sekunden fiel der Mann in dumpfes Schweigen. Dann musterte er die Zwillinge. „Wo habt ihr den Beutel?", sagte er leise. „Tragt ihr ihn bei euch? Habt ihr ihn aufgemacht?"

„Nein", antwortete Johanna. „Wir haben ihn nicht bei uns."

35 Plötzlich stand der Fremde auf und schlug mit der Hand auf den Tisch. „Wie undankbar bin ich doch! Ihr beide habt sicher Hunger und Durst. Wartet hier. Ich werde euch etwas bringen."

Ehe Johanna und Hagen etwas sagen konnten, war er auch schon verschwunden. „Mir gefällt es hier nicht", flüsterte Johanna ihrem
40 Bruder zu.

Sie warteten eine Weile, ohne viel miteinander zu reden. In dem Stimmengewirr um sie herum war es eh schwer, ein Gespräch zu führen.

„Habt ihr gehört?", hörten sie einen der Burschen rufen, „der
45   Steinschlag, der die Hochstraße versperrt hat, soll absichtlich
ausgelöst worden sein."

„Und nicht nur das!", rief ein anderer. „Der Bischof ist überfallen
worden!"

„Einen fetten Sack Goldstücke haben sie erbeutet!"

50   „Keiner konnte hinterher. Es hat Stunden gedauert, bis die Straße
wieder passierbar war!"

Johanna war blass geworden. „Gütiger Gott, Hagen", flüsterte sie.
„Weißt du, was das bedeutet?" Hagen nickte. Ja, auch er hatte
begriffen, was die Männer da erzählten. Nur sie beide und der rote
55   Reiter waren gestern früh auf dem Abschnitt der Hochstraße unterwegs gewesen. Sonst niemand. Sie selbst waren den Abhang hoch-
geklettert und hatten deshalb den Steinschlag umgangen. Und der
Rote Ritter? Er musste hinter sich die Steinlawine in Gang gesetzt
haben. Und zwar um der Verfolgung zu entkommen. Genau, wie
60   die Männer es gesagt hatten.

Der Fremde, der da gerade mit einem Krug und einem Laib Brot
auf sie zukam, hatte den Bischof ausgeraubt! Der Geldbeutel, den
sie ihm in Kürze geben mussten, gehörte gar nicht ihm!

Cornelia Franz

► Eine spannende Geschichte und
viel Wissenswertes rund um die
Ritterzeit findest du im Buch
„Das Geheimnis des Roten Ritters".

Mios Kampf gegen Ritter Kato

Ich hob mein Schwert und es zerschnitt die Eisentür, als sei sie aus Teig. Dann öffnete ich die Tür. Ich hielt mein Schwert und ich hielt meinen Tarnmantel fest und ich lief, so schnell ich konnte, auf Ritter Katos Kammer zu.

5 Überall, in allen Sälen, auf allen Treppen und Gängen, standen Späher und hielten Wache. Aber mich sahen sie nicht. Mich hörten sie nicht. Und ich lief weiter, auf Ritter Katos Kammer zu.
Ich hatte keine Angst. Ich war ein Ritter auf dem Weg zum Kampf. Das Schwert brannte wie Feuer in meiner Hand, es leuchtete und
10 flammte. Fest umspannte ich den Knauf.

Jetzt stand ich vor der Tür zu Ritter Katos Kammer.
Ich öffnete die Tür. Ritter Kato saß an seinem Steintisch. Er hatte mir den Rücken zugekehrt. Um ihn glühte seine Bosheit.
„Dreh dich um, Ritter Kato!", rief ich. „Nun kommt dein letzter
15 Kampf!"
Er wandte sich um. Ich riss mir meinen Mantel ab und da stand ich vor ihm mit dem Schwert in meiner Hand. Sein abscheuliches Gesicht schrumpfte zusammen und wurde grau und in seinen abscheulichen Augen waren nur Hass und Angst. Hastig ergriff er
20 sein Schwert, das neben ihm auf dem Tisch lag. Und dann begann Ritter Kato seinen letzten Kampf.

Eine Stunde dauerte der Kampf, in dem mein Schwert wie eine Feuerflamme durch die Luft fuhr und Ritter Katos Schwert traf und es ihm endlich aus der Hand schlug. Ritter Kato stand ohne
25 Waffe vor mir und er wusste, dass der Kampf zu Ende war.

Da riss er sein schwarzes Samtwams über der Brust auf.
„Sieh zu, dass du das Herz triffst!", schrie er. „Sieh zu, dass du mein Herz aus Stein durchbohrst! Es hat lange genug in meiner Brust gescheuert und wehgetan." Ich sah in seine Augen und sah
30 etwas Seltsames. Ich sah, dass Ritter Kato sich danach sehnte, sein Herz aus Stein loszuwerden.

Ich wartete nicht länger. Ich hob mein flammendes Schwert und stieß es tief in Ritter Katos entsetzliches Herz aus Stein.
Im selben Augenblick war Ritter Kato verschwunden. Er war fort.
35 Aber auf dem Boden lag ein Haufen Steine. Und eine Klaue aus Eisen.
Auf dem Fensterbrett in Ritter Katos Kammer saß ein kleiner grauer Vogel und pickte an die Fensterscheibe. Ich ging zum Fenster und öffnete es, damit der Vogel fortfliegen konnte. Und er warf sich
40 hinaus in die Luft und begann zu trillern und war glücklich.
Ich blieb am Fenster stehen und sah, dass die Nacht vorbei und der Morgen gekommen war.

Astrid Lindgren

▶ Der tapfere Junge Mio kämpft gegen den bösen Ritter Kato. Wie es dazu gekommen ist, kannst du in Astrid Lindgrens Buch „Mio, mein Mio" nachlesen.

Keith Haring

Eenie, meenie, mynie mo,
catch the tiger by the toe,
if he hollers, let him go.
Eenie, meenie, mynie mo.

Iene miene mutte,
tien pond grutten,
tien pond kaas,
iene miene mutte is de baas.

Coccodè,
la mamma non c'è,
è in cucina
e fa il caffè.
Tutto per me,
niente per te.
Uno,due,tre!

Eins, zwei, drei,
du bist frei!
Uno, due, tre,
cha vai via te!
Un, deux, trois,
c'est à toi!

Feste in aller Welt

Das finnische Mittsommernachtsfest

Das Mittsommernachtsfest findet in der „Mitte" des Sommers statt,
am längsten Tag des Jahres. Danach, nach dem 23. Juni,
werden die Tage wieder kürzer. Die Sommersonnenwende
5 wird auch in Deutschland als Johannisfest gefeiert.
Aber nur in Finnland und in ganz Skandinavien
ist sie eines der wichtigsten Feste im Jahr.
Zur Feier des Festes ziehen alle hinaus in die Natur,
und überall werden Johannisfeuer abgebrannt.
10 In Finnland wird es an diesem Tag und
auch noch an den folgenden Tagen
nachts nie ganz dunkel. Es ist klar, dass
auch die Kinder in der Mittsommer-
15 nacht nicht ins Bett gehen.

Das türkische Zuckerfest

Muslime haben jedes Jahr eine vierwöchige
Fastenzeit, den Ramadan. Während dieser
Zeit dürfen sie nur nach Sonnenuntergang
20 essen und trinken. Am Ende des Ramadan
wird „bayram" gefeiert, das Fest des Fasten-
brechens. Das Fest heißt auf türkisch
„şeker bayram", „Zuckerfest", weil man
Süßigkeiten isst. Das Fest dauert drei Tage.
25 Verwandte und Freunde besuchen sich und
machen sich gegenseitig Geschenke. Da sich
das Zuckerfest nach dem islamischen Mondkalender
richtet, wird es jedes Jahr an einem anderen Tag gefeiert.

Das japanische Kodomo-no-hi-Fest

30 Am 5. Mai wird in Japan Kodomo-no-hi gefeiert. „Kodomo" bedeutet „Kind": Es ist ein Fest für alle Kinder. An diesem Tag werden an den Häusern Papier-Karpfen aufgehängt, die den Kindern Glück bringen sollen. Die Karpfen werden verehrt, weil sie selbst an einem starken Wasserfall gegen den Strom schwimmen können.

35 Als Spezialität gibt es zum Kodomo-no-hi-Fest Reiskuchen, der in Eichenblätter gewickelt ist. Die Jungen laden die Mädchen zum Essen ein.

Das indische Diwali-Fest

Das Diwali-Fest wird Ende Oktober/
40 Anfang November gefeiert. Es erinnert daran, dass vor hunderten von Jahren der indische Prinz Rama nach seiner Verbannung festlich und mit vielen Lichtern bei seiner Rückkehr in die
45 Heimat begrüßt wurde. „Diwa" heißt „Kerze" oder „Lampe". Das Diwali-Fest dauert drei Tage. Man schmückt das Haus, zieht neue Kleider an und hängt überall bunte Lichter auf. Die Kinder erhalten
50 Geschenke, und zum festlichen Essen lädt man Verwandte und Freunde ein. Das Fest wird, wie bei uns an Silvester, mit einem Feuerwerk beendet.

Siegfried Buck

Indien

Reena ist neun und wohnt in der Nähe von Delhi in Nordindien. Sie lebt mit ihrer Familie in einem Ein-Zimmer-Haus. Ihre
5 Eltern arbeiten beide, deshalb kann Reena erst am Abend zur Schule gehen. Tagsüber bleibt sie zu Hause und passt auf ihre kleine Schwester auf. Sie erledigt Hausarbeiten wie Waschen, Putzen und Kochen. An Reenas
10 Schule findet der Unterricht von 19.30 Uhr bis 21.00 Uhr statt. Jungen werden ab 21.00 Uhr unterrichtet.

Peru

Maria lebt in einem Dorf in den Anden. Die
15 Regierung möchte, dass auch die Kinder auf dem Land zur Schule gehen und nicht nur zu Hause arbeiten.
In der Pause bekommen die Kinder in Marias Grundschule Sojamilch und Brot, das mit
20 Vitaminen angereichert ist. Es ist ihre erste Mahlzeit am Tag. Sie wird von der Regierung bezahlt. Noch ist Marias Schulweg kurz. Aber wenn sie auf die weiterführende Schule in der nächsten Stadt kommt, wird sie für den
25 Hin- und Rückweg täglich drei Stunden zu Fuß brauchen.

Australien

John lebt auf einer Farm in Australien. Die nächste Schule liegt ungefähr tausend
30 Kilometer entfernt. Es ist die „School of the Air" – eine Funkschule. Der Unterricht findet über Funk und über das Internet statt. Zu Beginn einer Stunde melden sich die Kinder an. Johns Lehrer sitzen in einer Schaltzentrale.
35 Von dort aus vergeben sie Übungen und kontrollieren die Hausaufgaben. Einmal im Jahr gehen die Lehrer auf Reisen und besuchen ihre Schüler.

China

40 Der 10jährige Xingpei lebt in Shanghai und geht in die Grundschule. In China besuchen die Kinder die Grundschule sechs Jahre lang. Meistens dauert der Unterricht von 7.15 Uhr bis 16.15 Uhr. Jeden Montag steht die ganze Schule stramm, während über Lautsprecher die Nationalhymne ertönt und die chinesische Flagge gehisst wird.
45 Dann hält der Rektor eine Rede. Anschließend machen alle Kinder Frühsport. Xingpei trägt wie alle Kinder eine Schuluniform mit einem roten Halstuch.

E-Mail aus Ägypten

Von: Max.Berger@fmail.com
Gesendet: Freitag, 13. Februar
An: Philip.Rosak@g-online.de
Betreff: Ein neues Spiel

Hallo Philip,

vielen Dank für Deine Mail. Ich habe mir die CD sofort geholt. Die Musik ist echt super!

Du hast nach dem Spiel gefragt, von dem ich geschrieben habe. Es heißt „Fang den Stock" und geht so:

5 Jeder Spieler braucht einen ungefähr 1,50 Meter langen Stock. Die Spieler bilden einen Kreis und lassen einen Abstand von etwa zweieinhalb Metern zwischen sich und ihren Nachbarn. Dann hält jeder seinen Stab senkrecht vor sich, sodass er den Boden berührt. Sobald der Spielleiter „Wechsel!" ruft, lässt jeder seinen Stock los, rennt zu seinem rechten Nachbarn und

10 muss versuchen, dessen Stock zu fassen, bevor er umfällt. Wer den Stock nicht rechtzeitig fängt, scheidet aus. Das Spiel geht so lange weiter, bis nur noch ein Spieler übrig ist.

Wir spielen „Fang den Stock" oft draußen nach der Schule. Hier bei uns in Kairo ist es ja auch im Februar schön warm.

15 Bis zur nächsten Mail!
LG
Max

ZIP-ZAP Circus School

Die ZIP-ZAP Zirkusschule in Kapstadt bietet vielen Kindern eine Ausbildung und ein Zuhause. Viele von ihnen kommen aus den Elendsvierteln, den
5 Townships. Dort leben die Familien dichtgedrängt in ärmlichen Hütten – ohne Wasser und Elektrizität. Die Kinder, die hier aufwachsen, gehen selten zur Schule. Nicht wenige von
10 ihnen werden kriminell.

In der ZIP-ZAP Zirkusschule erhalten die Kinder eine praktische Ausbildung in den unterschiedlichsten Zirkus-künsten: Jonglieren, artistische
15 Übungen am Trapez und auf dem Seil, Pyramidenbauen oder Auftreten als Clown. Gegründet wurde die Zirkusschule von dem international bekannten Trapezkünstler Brent van
20 Rensburg. Er unterrichtet die Kinder auch selbst. Sie wohnen wie in einem Internat zusammen und erhalten freie Unterkunft und Verpflegung. Auch für ihre Ausbildung brauchen sie nichts zu zahlen. Kinder aus anderen Schulen können ebenso am Zirkusunterricht teilnehmen.
25 Alle werden gemeinsam in den unterschiedlichen Zirkusdisziplinen ausgebildet und können ihre Kunst bei den großen Zirkusvorführungen präsentieren.

Durch diese Ausbildung lernen die Kinder und Jugendlichen aber noch viel mehr: Sie lernen sich gegenseitig zu vertrauen und auf-
30 einander zu verlassen. Sie trainieren Teamwork und entwickeln Selbstvertrauen und Disziplin – und haben dabei sehr viel Spaß.

Flieger am Himmel

In dem Land, aus dem ich komme, hatten wir einen Garten. Jeden Abend, wenn ich in meinem Bett liege, schließe ich die Augen, um den Garten hervorzuzaubern. Es ist immer derselbe Traum: Sanja und ich spielen im Garten, als die Sonne plötzlich verschwindet.

5 Wir sehen zum Himmel, der auf einmal voller Flugzeuge ist. Sie kreisen über uns wie ein dunkler Schwarm Mücken. Dann beginnen sie Steine abzuwerfen, große schwarze Brocken. Einer von ihnen trifft unseren Garten, und wo gerade noch Blumen waren, ist jetzt ein riesiges Loch. „Lass uns weglaufen!", rufe ich im Traum

10 zu Sanja, „wir müssen uns verstecken!"

In dem Land, in dem ich jetzt lebe, haben wir einen Balkon. Wir wohnen in einem Haus mit vielen Etagen. Ich schaue vom Balkon auf Gärten, und oft kann ich Kinder sehen, die dort spielen. „Warum kaufen wir keinen Garten?", fragte ich meinen großen

15 Bruder. „Dann würde ich alle einladen, bei uns zu spielen." Mein Bruder wusste keine Antwort.

„Weißt du, wie man Flugzeuge baut?" fragte er. Ich schüttelte den Kopf. „Ich will keine Flugzeuge bauen." „Nicht solche Flugzeuge", sagte mein Bruder. „Wir basteln sie aus Papier", und er zeigte mir,

20 wie das geht.

„Nun schreiben wir eine Nachricht darauf", sagte er.

Bald flatterten die vielen Papierflieger wie ein Schwarm Tauben vor unserem Haus. Drei gelangten auf die andere Straßenseite, wo die Gärten sind. Zwei blieben in einem Apfelbaum hängen, doch

25 der dritte erreichte schlingernd sein Ziel. Zwei Mädchen eilten darauf zu. Sie hoben ihn auf und lasen die Botschaft. Dann sahen sie zu mir hinauf.

„Was hast du auf die Flugzeuge geschrieben?", fragte ich meinen Bruder.

Annette Herzog

Am Jangtsekiang

Es ist Abend. Mei Mei liegt hinter dem Mückennetz im großen Bett. Sie ist schon fast eingeschlafen, da hört sie, wie die Erwachsenen vom Fluss reden. „Bis hier herauf kommt das Wasser nicht", sagt ihr Großvater. „Ich hab schon immer hier gewohnt, und so etwas ist noch nie passiert."

„Aber im Radio haben sie gesagt, dass das Wasser steigt. Der Regen in den Bergen ist Schuld daran", antwortet Mei Meis Vater.

Am nächsten Morgen regnet es auch bei ihnen. Mei Mei hat keine Zeit, ihre Reissuppe zu essen, sie muss zu Chang und ihm erzählen, was sie gehört hat.

„Stell dir vor, das Wasser steigt! Vater hat gesagt, es kann bis zu uns raufkommen!", ruft sie atemlos. Chang weiß nicht recht, was er davon halten soll. Aber die Erwachsenen machen ernste Gesichter.

Sie sind gerade eine Stunde in der Schule, da wird die Radiomusik
15 unterbrochen, die den ganzen Tag aus den Lautsprechern überall
im Dorf zu hören ist. Eine Stimme teilt mit, dass das Hochwasser
in den nächsten vierundzwanzig Stunden seinen Höhepunkt
erreichen wird.

Alle Häuser und Ställe am Fluss müssen geräumt werden. Die Kinder
20 bekommen schulfrei, damit sie beim Packen helfen können.

Den ganzen Tag wird von anderen Dörfern weiter oben am Fluss
berichtet, die vom Wasser überschwemmt worden sind. Soldaten
helfen, Menschen und Tiere zu retten.

Am nächsten Tag kommen die ersten Flüchtlinge über die Felder
25 herauf. Sie sind schwer bepackt. Alte Leute, die nicht gehen können,
werden getragen.

Der ruhige Jangtsekiang ist nicht wiederzuerkennen. Breit und
mächtig schießt er jetzt dahin. Mit rasender Geschwindigkeit
reißen die Wassermassen Häuser und Bäume mit sich und über-
30 schwemmen die Felder.

Da treibt ein Hausdach, auf dem drei Menschen sitzen. Sie klammern
sich fest und rufen um Hilfe. Männer springen in ein Boot, um die
Menschen von dem Dach zu retten. Sie rudern mit aller Kraft. Auch
für sie ist es gefährlich. Ihr Boot ist schwach und klein und kann
35 jederzeit zermalmt werden. Endlich haben sie das Dach erreicht,
aber es ist nicht einfach, die drei Menschen ins Boot zu holen.
Alles schaukelt und schwankt. „Springt!“, ruft der Mann an der
Ruderpinne, und dann ist es geschafft.

Auf Mei Meis Hof steht schon das Wasser. Mit großen Lasten auf
40 dem Rücken verlassen die Erwachsenen das Haus.
„Komm jetzt endlich!", rufen die Erwachsenen Mei Mei zu.
„Traut ihr euch hierzubleiben?", fragt Mei Mei, als sie Chang trifft.
„Vater hofft, dass das Wasser nicht mehr steigt", antwortet er.
45 „Aber wir haben alles vorbereitet, damit wir weggehen können,
wenn es noch gefährlicher wird."

Die Tiere sind zusammengetrieben und angebunden. Drinnen im
Haus sitzen Changs Großeltern. Der Fußboden steht jetzt unter
Wasser.
50 „Niemals in meinem ganzen Leben ist das Wasser so hoch gestiegen",
sagt Großvater. „Ist das der Weltuntergang?"
Da kommen die Arbeiter aus der Traktorfabrik und reden mit Changs
Mutter. „Es ist soweit. Wir müssen hier weg", sagt die Mutter. „Wir
können nicht länger bleiben."

Svend Otto S.

Henri Rousseau

Im Urwald

Dunkle Schatten huschen durch den Wald,
feucht tropft es von den Blättern.
Sanft streichen Gräser um zahlreiche Beine.

Laute Schreie gellen in der Luft,
aufgeregt schlagen bunte Flügel.
Blitzschnell schwingen Körper von Ast zu Ast.

Helle Sonnenstrahlen fallen auf die Lichtung,
flirrend setzt die Hitze ein.
Weiß verdampft das Wasser über den Bäumen.

Regina Sievert

Makoko und der Elefant

Vater Karanja und sein Sohn Makoko mussten vom Flussbett abbiegen und das Gebüsch durchqueren. Zu spät erkannten sie den großen Elefantenbullen, der plötzlich vor ihnen stand. Makoko sah, dass aus einer Wunde auf der rechten Seite des Elefanten
5 dickes Blut hervorquoll.

„Ganz ruhig stehen bleiben", flüsterte Vater Karanja.

„Ein angeschossener Elefant kann sehr gereizt und angriffslustig sein. Nicht bewegen! Vielleicht hat er uns noch nicht gesehen."
Doch die geringe Entfernung reichte den schwachen Elefantenaugen
10 aus. Der Elefant trompetete erregt und setzte sich langsam in Bewegung.

„Zum Baum dort drüben!", rief Vater Karanja zu Makoko, und beide stürzten auf den Baum zu. Noch war der Elefant fünfzehn Meter hinter ihnen, doch der Vorsprung verringerte sich rasch.
15 Außer Atem erreichten sie den Baum. Vater Karanja hob Makoko zu den untersten Ästen hoch. Dann konnte Makoko weiter hinaufklettern. Vater Karanja schwang sich hinter ihm den Ast hinauf. Aus einem Augenwinkel sah er die heranstürmende graue Masse und spürte, wie der Baum erzitterte, als das Tier gegen den Stamm
20 stieß. Der Stamm knirschte unter dem Anprall, und die Äste, an denen sich die beiden festhielten, bebten.

Der Elefant presste dann seine Stirn gegen die Rinde und begann zu schieben. Plötzlich gab es ein gewaltiges Krachen und die Äste bebten. Dann fielen sie mit dem Baum hinab. Makoko klammerte sich
25 verzweifelt fest, als er den Erdboden auf sich zukommen sah.
Es war ein Glück, dass die abstehenden Äste den schweren Aufschlag des Baumes milderten. Makoko löste seine Arme vom Baum und duckte sich auf den Boden. Aus dem Ästegewirr neben ihm flüsterte es: „Wo bist du, Makoko? Hast du dich verletzt?" „Ich
30 bin gut unten angekommen", antwortete Makoko vorsichtig.

Der Boden erzitterte, als das gewichtige Tier langsam um die Krone
des gefällten Baumes herumwanderte. Makoko hörte den Elefanten
schnüffeln, der die Witterung auffing. Gleich darauf wurde die
graue Rüsselspitze sichtbar, die sich suchend immer näher an
35 Makoko herantastete. Makoko versuchte, sich vorsichtig rückwärts
zu bewegen, aber die Zweige drückten ihn auf den Boden.
Auf einmal griff der schlängelnde Rüssel nach ihm. Makoko
schlug in wilder Angst darauf ein. Für einen Augenblick
zog der Rüssel sich zurück. Aber er kam schnell
40 wieder. Der Angstschweiß stand Makoko auf
der Stirn.
Da schob sich von hinten etwas Weiches
durch die Äste. Makoko drehte sich
erschrocken um. Es war der Arm Vater Karanjas,
45 der sich sein Hemd vom Leib gerissen hatte
und das weiche Knäuel nun dem Rüssel
hinhielt. Der Elefant schnüffelte
den Menschengeruch, fasste den Stoff
und zog ihn aus dem Ästegewirr heraus.
50 Er warf das Stoffknäuel in die Luft,
trampelte mit den schweren Füßen darauf
herum und gab sich nicht eher zufrieden,
bis er es in viele zerfetzte Lumpenstücke
verwandelt hatte. Dann trottete er fort.

Hans-Martin Große-Oetringhaus

Regenwald in Gefahr

Der tropische Regenwald ist weltweit in Gefahr. Sein größter Feind ist der Mensch.

Tropischer Regenwald wird zerstört, um Land für neue Städte zu gewinnen, Bodenschätze abzubauen, Erdöl zu fördern und um
5 Plantagen, zum Beispiel für Bananen, anzulegen. Dazu werden große Straßen in den Dschungel gebaut.

Ein Großteil der Wälder wird vernichtet, weil man das tropische Holz verkaufen und Landflächen für Ackerbau und Rinderzucht gewinnen will. Dazu brennt man den Wald nieder oder holzt ihn ab. Dadurch
10 verlieren viele Menschen, Tiere und Pflanzen ihr Zuhause.

Die Zerstörung der Regenwälder beeinflusst das Klima unserer Erde. Pflanzen stellen mit Hilfe von Licht, Wasser, Nährstoffen und dem Gas Kohlendioxid (CO_2) Energie her, die sie in den Blättern speichern. Dabei entsteht Sauerstoff, der für die Menschen und
15 Tiere lebensnotwendig ist.

Wird der Wald zerstört, fällt dieser Sauerstoffgewinn weg. Das zum Beispiel in Auto- und Industrieabgasen enthaltene CO_2 kann nicht mehr verwandelt werden. Zusätzlich wird das in den Pflanzen gebundene CO_2 beim Verbrennen der Wälder frei. Diese großen
20 Gasmengen bilden eine Art Hülle um die Erde. So kann die von der Sonne einstrahlende Wärme nicht wieder an das Weltall abgegeben werden. Die Temperaturen auf der Erde steigen deshalb langsam, aber stetig an.

nach Isabelle Erler

Interview mit der Forscherin Jane Goodall

Die am 3. April 1934 geborene Jane Goodall verbrachte viele Jahre mit Affen im Dschungel. Anfangs beobachteten sie viele Wissenschaftler sehr kritisch. Im Laufe der Zeit wurde die Engländerin aber zu einer anerkannten Affenforscherin und mit Preisen sowie Ehrungen überhäuft.

Reporter: Sie gingen 1960 in das heutige Tansania, um das Verhalten der Schimpansen zu studieren. Wie reagierten die Verhaltensforscher bei Ihrer Rückkehr auf Ihre Ergebnisse?

Jane Goodall: Die Professoren waren absolut entsetzt, weil ich den Schimpansen Namen gegeben hatte. Außerdem habe ich von ihrem Verstand, ihren Gefühlen und ihren Persönlichkeiten gesprochen. So etwas galt damals als absolut unwissenschaftlich.

Reporter: Warum haben Sie Ihr Leben gerade den Schimpansen verschrieben?

Jane Goodall: Wenn wir die Leute wirklich davon überzeugen können, Schimpansen zu schützen, dann wird das auch anderen Tierarten zu Gute kommen.

Reporter: Was kann für das Überleben der Schimpansen getan werden?

Jane Goodall: Das Problem ist, dass die meisten Organisationen nur diskutieren, Pläne schmieden, Unterschriften sammeln – alles wichtige Dinge, aber währenddessen sterben die Schimpansen.
Eine der größten Bedrohungen für sie ist die Rodung der Wälder. Wir sollten uns deshalb zunächst dafür einsetzen, dass ihr Lebensraum erhalten bleibt.

Der Schimpanse

Wenn der Schimpanse steht, sind seine Knie leicht gebeugt, sodass er kleiner wirkt als er tatsächlich ist. Die geschickten, langen, schmalen Hände des Schimpansen haben
5 keine Krallen, sondern Fingernägel. Auch an den Füßen haben sie eine Art Daumen. Damit können sie besser zugreifen.

Schimpansen fressen vor allem Früchte, aber auch zarte Blätter, Nüsse, Rinde,
10 Blüten, Honig und manchmal sogar kleine Tiere. Genau wie wir Menschen benutzt der Schimpanse seine Hände, um die Nahrung zum Mund zu führen.
Zum Trinken schöpfen sie das Wasser
15 einfach mit den Händen.

Schimpansen benutzen Werkzeug zum Termitenfang. Dafür nehmen sie einen gerade gewachsenen Zweig und pellen die Rinde ab. Konzentriert schieben sie
20 ihn dann in eines der vielen Löcher des Termitenbaus. Wenn die Insekten sich daran festhalten, muss der Schimpanse den Zweig nur noch herausziehen und die Beute auffressen.

25 Bei Gefahr helfen sich die Schimpansen
gegenseitig. Die Affen brüllen und stellen ihr Fell auf, damit sie größer wirken.
Um seine Feinde zu vertreiben, zeigt der
Schimpanse die Zähne. Dasselbe tut er,
30 wenn er Angst hat.

Gegenseitige Fellpflege ist für die Schimpansen sehr wichtig. Auf diese Weise festi-
gen sie ihre Freundschaften und Streit
kann vermieden werden. In Kleinstarbeit
35 streichen sie mit Lippen und Nägeln durch
das Fell ihrer Kameraden. Dabei entfernen
sie alles, was darin hängen geblieben ist,
und reinigen auch kleinere Wunden.

Ein Forscherteam brachte einer jungen
Schimpansin die Zeichensprache für
40 Gehörlose bei. Sie benutzte hunderte
von Wörtern, um sich zu verständigen.
Schimpansen können nicht sprechen, weil
die Zunge und der Kehlkopf dazu nicht
geeignet sind. Doch sie können wie wir
45 lachen, weinen oder Schabernack treiben.

▶ Wenn du erfahren möchtest
wie man Affen schützen kann,
dann informiere dich in diesem Buch.

Dschungelbegegnung

Spiel ohne Worte für eine Dschungelforscherin und viele Affen

Szene 1: *(Musik setzt ein. Auftritt der Dschungelforscherin mit einem Rucksack)*

 Dschungelforscherin:

Sie läuft schnell, bleibt manchmal stehen, schaut durch ihr Fernglas, bleibt wieder stehen, schaut sich um und geht weiter. Ihr Rucksack wird schwer, sie stellt ihn ab und wischt sich mit dem Taschentuch den Schweiß von der Stirn. Sie wird müde, setzt sich hin und schläft ein.

(Musik wird leiser und hört ganz auf.)

Szene 2: *(Auftritt der Affen)*

 Affen:

Auf Zehenspitzen schleichen sich Affen heran. Sie winken, immer mehr Affen erscheinen.

(Musik setzt ein.)

Sie schleichen um die schlafende Forscherin, vorwärts, rück-wärts.

(Musik wird lauter.)

Die Affen ärgern sich gegenseitig, schlagen Purzelbäume, springen herum.

Plötzlich entdecken zwei Affen den Rucksack und ziehen ihn in die Mitte.

Szene 3: *(Musik stoppt.)*

 Affen:

Alle starren gebannt auf den Rucksack. Dieser wird geöffnet und ausgeschüttet.

Es fallen Mützen heraus. Ein Affe nimmt vorsichtig eine Mütze, riecht daran, schaut sie von allen Seiten an, knabbert daran, schließlich setzt er sie auf. Ein anderer Affe kommt, nimmt ihm die Mütze weg und setzt sie selbst auf. Nun stürzen alle Affen auf die Mützen und setzen sie auf. Plötzlich herrscht Stille, alle schauen auf die Forscherin.

Szene 4: *(Leise Musik setzt ein.)*

 Dschungelforscherin:

Sie wacht auf, gähnt, streckt sich. Da sieht sie die Affen mit den Mützen.

Sie springt auf. Sie sieht den leeren Rucksack, nimmt ihn in die Hand und schüttelt verzweifelt den Kopf. Sie stellt sich vor die Affen und schüttelt den Kopf.

 **Affen:**

Alle Affen schütteln ihre Köpfe.

(Musik wird etwas lauter.)

 **Dschungelforscherin:**

Sie droht mit der Faust.

 Affen:

Alle Affen drohen mit den Fäusten.

 Affen/Dschungelforscherin:

Was immer sie tut, die Affen machen alles nach.

 Dschungelforscherin:

Da kommt ihr eine Idee.

Sie nimmt ihre Mütze vom Kopf, schaut sie an, und wirft sie weg.

 Affen:

Alle Affen machen es ihr nach.

(Musik stoppt.)

 Dschungelforscherin:

Ein Lied pfeifend sammelt sie alle Mützen ein und läuft fröhlich davon.

(Musik setzt ein. Abgang der Forscherin)

Ursula Schroeter

Der Tigerprinz

Tief im Urwald klagt voll Kummer eine Tigermutter um ihre Kinder. Jäger waren gekommen und hatten sie getötet. Seitdem streicht sie ständig um die Dörfer, das Herz schwer von Hass und Verzweiflung.

5 Und eines Abends greift sie an. Sie zerstört Hütten, reißt Menschen und Tiere. Aber davon wird ihr Hass nicht kleiner, sondern er steigert sich noch. Wieder greift sie ein Dorf an, dann noch eins. Die Nacht ist erfüllt vom Wehgeschrei der Menschen.

Rasch hat der König seine Soldaten zusammengerufen. Bevor er 10 aufbricht, holt er sich Rat bei der alten Lao Lao, die ihm aus Kieseln und Bambustäfelchen die Zukunft liest.
„Schickt eure Soldaten nicht aus, Majestät. Damit würdet ihr die Tigerin noch mehr reizen, sie noch gefährlicher machen. Nur eins kann sie friedlich stimmen: Ihr müsst der Tigerin euren Sohn schicken."
15 „Meinen Sohn soll ich opfern?", empört sich der König.
„Ich versichere euch, Majestät, ihm wird nichts geschehen."

Am frühen Morgen führt der König seinen Sohn Wen bis an den Rand des Urwaldes. „Ab hier musst du alleine weitergehen. Dort, hinter der Felsbrücke, jenseits der Schlucht, beginnt das Reich der 20 Tigerin. Aber hab keine Angst, dir geschieht nichts."
Wen geht über die Brücke und weiter in die Tiefe der Wildnis. Er geht so lange, bis er müde wird und sich schlafen legt.

Die Tigerin schleicht sich heran. Aber gerade, als sie sich auf Wen stürzen will, erinnert sie sich an etwas. Sie nimmt Wen vorsichtig ins Maul, genauso, wie sie es früher mit ihren eigenen Kindern getan

30 hat. Mit einem Mal ist all ihr Hass auf die Menschen vergessen. Ganz sacht setzt sie Wen ab und legt sich neben ihn, um ihn zu wärmen.

Ab sofort lässt die Tigerin die Menschen in Frieden leben.

Tag und Nacht wacht sie über Wen und lehrt ihn alles, was kleine

35 Tiger können und wissen müssen.

Doch der König und seine Gemahlin in ihrem Palast sind krank vor Kummer. Voll Sorge fragen sich die beiden, ob ihr Sohn noch lebt. Eines Tages erträgt der König die Ungewissheit nicht länger. Er schickt seine Soldaten aus. Die verteilen sich im Wald bis Wen

40 und die Tigerin umzingelt sind.

„Nicht schießen!", brüllt Wen und stellt sich schützend vor die Tigerin.

Mit einem Mal ruft eine Frauenstimme: „Lasst mich durch!"

Wen erkennt seine Mutter sofort.

45 „Tigerin", sagt er leise. „Das ist meine andere Mutter. Ihr seid meine beiden Mütter, du, die Mutter aus dem Urwald, und sie, die aus dem Palast. Dorthin muss ich jetzt zurück, um zu lernen, was ein Prinz können und wissen muss. Aber ich verspreche dir wiederzukommen – ich will auf keinen Fall vergessen, was ich von

50 dir gelernt habe."

Chen Jianghong

Bilder lesen

Paul Klee

Hier ist ja fast alles gelb

Fantasietiere, die in Honig baden ...
Was gehört hier zusammen?
Verstecken sich Schlangenvögel hinter Katzofanten?

Oben rechts wendet eine einäugige Katze mit ihren
5 spitzen Ohren den Kopf.

Gehört der Körper unter dem Katzenkopf zur Katze
oder zu dem träumenden Elefanten in der Mitte?

In dem Bauch zwischen Elefanten- und Katzenkopf
regt sich ein kleines Tier – vielleicht der Nachwuchs!

Jürgen von Schemm

Herr K malt sein Meisterwerk

Herr K war ein großer Künstler. Aber nie kam jemand und kaufte eines seiner Werke.

Eines Tages zog Herr M neben ihm ein. Herrn M gefiel sein neues Haus sehr – aber irgendetwas fehlte noch. Ein Bild! – Das war's.

5 Mit einem Bild an der Wand würde sein Haus erst richtig gemütlich.

„Ich werde mal meinen Nachbarn, den Maler, besuchen", dachte Herr M.

„Kommen Sie herein", sagte Herr K freundlich. „Was kann ich für Sie tun?"

10 „Ich würde gerne ein Bild kaufen", sagte Herr M. „Meine Wohnung schaut noch so leer aus." Herr K freute sich sehr und holte gleich seine Bilder hervor. Herr M betrachtete einen Sonnenuntergang in den Bergen, ein Schiff auf hoher See, eine holländische Windmühle und viele andere Bilder. Sie waren alle wunderschön. Am liebsten

15 hätte er alle genommen, aber dafür reichte sein Geld nicht. „Ich hab eine Idee", sagte Herr K. „Ich werde etwas ganz Besonderes für Sie malen. – Ein Bild, auf dem alles ist, was Sie sich nur wünschen! Kommen Sie nächste Woche wieder."

Aufgeregt lief Herr M nach Hause. Ach, wie langsam eine Woche

20 vergeht, wenn man auf etwas wartet!

Doch endlich war es so weit. Man merkte, dass Herr K schwer gearbeitet hatte. Farbtuben und Pinsel lagen überall herum. Mit einem geheimnisvollen Lächeln nahm Herr K ein Bild und hielt es Herrn M hin.

„Das ist es!", sagte er stolz.

„Aber Herr K!", rief Herr M verwirrt. „Da ist ja gar nichts drauf! Es ist leer!"

„Es sieht leer aus", sagte Herr K ruhig, „aber machen Sie mal die Augen zu und stellen Sie sich Ihr Bild vor."

„Schnee!", sagte Herr M und schloss die Augen. Zu seiner Überraschung sah er eine herrliche Winterlandschaft genau wie die, die er einmal auf einer Weihnachtskarte gesehen hatte. „Großartig", rief er. „Ich nehme es." Er zahlte und eilte nach Hause.

Er hängte das Bild an die Wand und setzte sich in seinen Lehnstuhl. Er machte es sich gemütlich und schloss erwartungsvoll die Augen. Zuerst erschien eine holländische Windmühle mit Wolken am Himmel – genau wie er es sich vorgestellt hatte. Dann tauchte eine tropische Landschaft auf, mit blauen Bergen und einem Sonnenuntergang. Plötzlich war da ein Reiter auf einem Pferd – und der Reiter war Herr M selber. Er spornte sein Pferd an und galoppierte durch die Nacht.

Und so änderte sich das Bild immer wieder und wieder. „Herr K hat nicht zu viel versprochen", dachte Herr M. „Es ist ein Meisterwerk!"

Max Velthuijs

Japanischer Holzschnitt

Ein rosa Pferd,
gezäumt und gesattelt, –
für wen?

Wie nah der Reiter auch sei,
er bleibt verborgen. Komm du für ihn,
tritt in das Bild ein
und ergreife die Zügel!

Günter Eich

Der König und das Bild

„Du siehst schön aus", sagte der König zum gezeichneten Vogel.
„Danke", sagte der Vogel. „Finde ich auch. Trotzdem fehlt noch
etwas."
„Was denn?", fragte der König.
„Der Wind unter meinen Flügeln", sagte der Vogel und flog aus
dem Bild.

Heinz Janisch

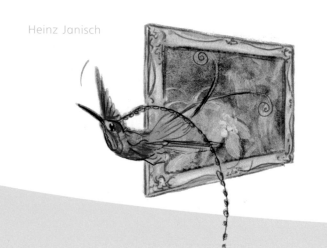

Gesichter lesen

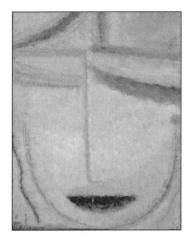
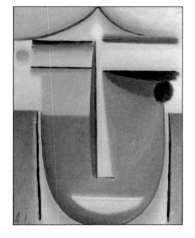

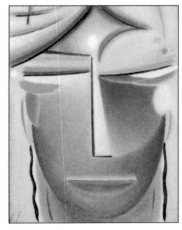

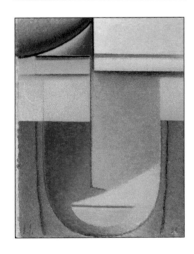
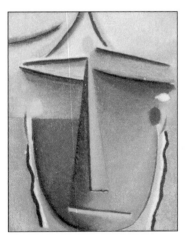

Alexej Jawlensky

Glücksfälle

Wenn ich Lust auf Bilder habe, mach ich
manchmal Flecken. „Flecken?", fragst du,
„Flecken sind ein Versehen! Ein Irrtum, ein Fehler,
aber doch keine Bilder!"

5 Ich sehe das so: Jeder Fleck ist einzigartig. Es gibt ihn nur
ein einziges Mal.
Klar, manchmal ärgere ich mich auch über einen Fleck, etwa,
wenn er auf die frisch gebügelte Tischdecke fällt.
Und trotzdem: Jeder Fleck ist etwas Besonderes.
10 Manche Flecken haben viele Bilder in sich.
Das sind dann richtige Glücksfälle.

Kakao, zum Beispiel, ist ein sehr guter
Fleckenmacher. Als ich neulich Lust auf Bilder
hatte, habe ich mir ein paar Kakaoflecken auf
15 Papier gemacht. Ich habe die Flecken betrachtet
und einen von ihnen ausgewählt. Mit Pinsel und Farben
habe ich das hervorgeholt, was er mir erzählt hat.

Hier siehst du sechs Mal denselben Fleck.
Der erste und der zweite sind der Rohfleck in verschiedenen
20 Positionen. Daraus ist eine Reihe von Porträts entstanden.
Vielleicht gehören sie alle zu einer Familie? Oder sie wohnen alle im gleichen Land? Ein Land, in dem die Menschen
gern schöne Mützen tragen.

Findest du noch andere Bilder und Gesichter in dem Fleck?
25 Wenn du ihn mit dem Buch herumdrehst, sieht er noch
ganz anders aus.

Juliane Plöger

154

Kopfunter, Kopfüber

Julian Jusim / Mirjam Pressler

Manchmal, wenn der Morgen graut,
ist des Esels Tag versaut.

Der Biber träumt vom Biberkind –
der Schmetterling vom Frühlingswind.

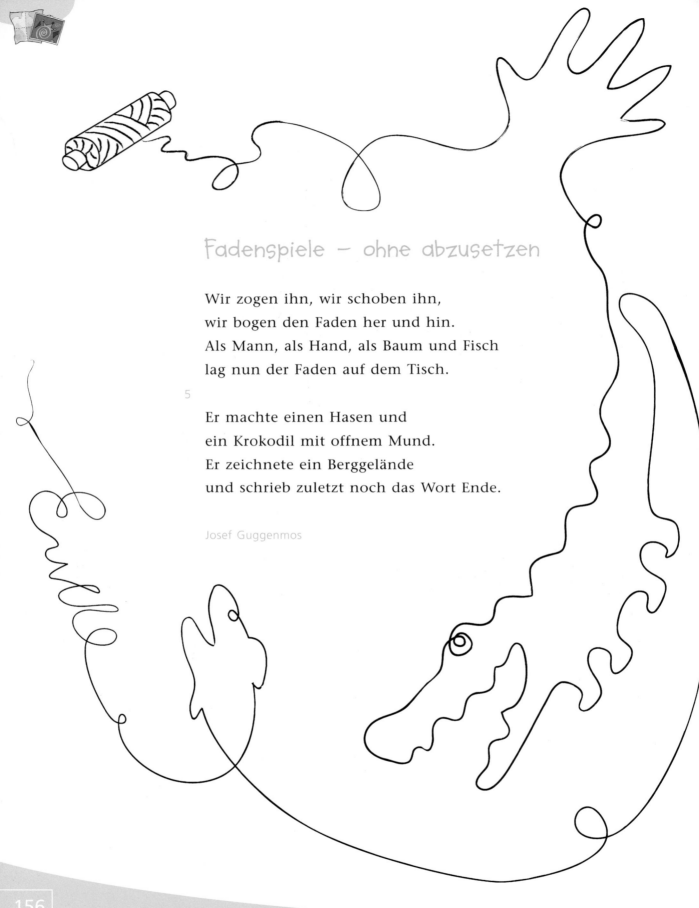

Fadenspiele – ohne abzusetzen

Wir zogen ihn, wir schoben ihn,
wir bogen den Faden her und hin.
Als Mann, als Hand, als Baum und Fisch
lag nun der Faden auf dem Tisch.

5

Er machte einen Hasen und
ein Krokodil mit offnem Mund.
Er zeichnete ein Berggelände
und schrieb zuletzt noch das Wort Ende.

Josef Guggenmos

Schmetterlings-Alphabet

Das Gesicht eines Lautenspielers
seine Haare
sein Schnurrbart
seine Mütze
5 seine Arme und die Laute
Hund und Katze
das Tischtuch, der Krug und ein wenig Obst
das Fenster an der Wand
und eine Dame

10 Das Bild wurde vor etwa 350 Jahren von dem holländischen Maler
Hendrik Martensz Sorgh gemalt. Es heißt „Der Lautenspieler".
Miró hat es ganz genau betrachtet.

Das Gesicht eines Lautenspielers
seine Haare
sein Schnurrbart
seine Mütze
5   seine Arme und die Laute
Hund und Katze
das Tischtuch, der Krug und ein wenig Obst
das Fenster an der Wand
und eine Fledermaus

10   Das Bild wurde 1928 von dem spanischen Maler Joan Miró gemalt.
Es heißt „Holländisches Zimmer". Joan Miró war nach Holland
gereist. Er wollte die Bilder der berühmten holländischen Maler
studieren.

Bisonjagd

In der Steinzeit, vor mehr als 20.000 Jahren, hat jemand diese Geschichte in der Höhle von Lascaux in Frankreich erzählt – aber nicht mit Worten, sondern mit Ocker, Mangan und Kohle.

Die Steinzeithöhle von Lascaux

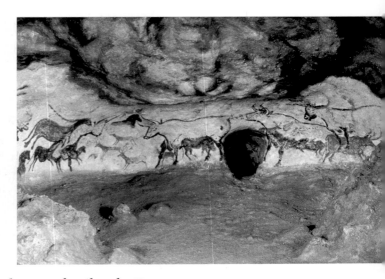

Es war im September 1940 nahe bei
der französischen Stadt Montignac.
Da entdeckten vier abenteuerlus-
tige Jugendliche mitten im Wald den
5 schmalen Eingang in eine Höhle.
Anfangs dachten sie, das wäre ein
Geheimgang zu dem nah gelegenen
Schloss. Sie drangen tiefer in die Höhle
vor und entdeckten unzählige Bilder,
10 die in die Felswände geritzt oder mit
Farben auf die Wände gemalt waren.

Sie ahnten, dass sie etwas ganz Besonderes gefunden hatten.
Sie liefen ins Dorf und erzählten ihrem alten Lehrer ganz aufgeregt von
ihrer Entdeckung. Lehrer Laval erkannte schnell die Bedeutung der
Felsbilder und informierte einige Archäologen. Die Wissenschaftler
15 untersuchten die Höhle von Lascaux mit einem aufregenden Ergebnis:
Auf diesen Bildern erzählten Menschen vor etwa 20.000 Jahren von
ihren Jagden – von Bisons, Hirschen, Raubkatzen und Wildpferden.

Bald bevölkerten die Höhle tagtäglich an die tausend Besucher,
20 um die Kunstwerke aus der Steinzeit zu bestaunen. Die vielen
Menschen veränderten mit ihrem feuchten Atem das Raumklima.
Mit der Zeit verblassten die Bilder unter einem grün-weißlichen
Belag aus Algen. Man musste die Höhle für Besucher sperren.
Aber dicht daneben baute man eine naturgetreue Nachbildung
mit jedem einzelnen Bild. Heute kommen jährlich bis zu 400.000
Menschen hierher, um die uralten Bildgeschichten zu bewundern.

Ingrid Messelken

Re-Zoom

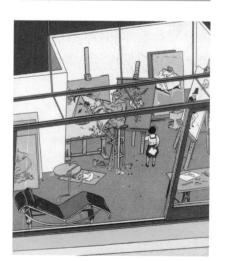 

Istvan Banyai

Selten so gelacht

James Rizzi

Schmunzeln,

kichern,

ganz breit grinsen.

Lachen,

brüllen,

rüberlinsen.

Gelesen
oder selbst erdacht –

selten wurde so gelacht!

Regina Sievert

Eine gemütliche Wohnung

Neulich, als unser Kühlschrank nicht mehr ging, rief ich einen Elektriker. Herr Knorps war ein ungemein freundlicher Mann und kam schon am nächsten Morgen. Er stellte seine drei Werkzeugkästen, den Werkzeugkoffer und die vier Werkzeugtaschen in die Küche
5 und machte sich gleich an die Arbeit.

Gegen Abend, als meine Frau von der Arbeit kam, war Herr Knorps endlich fertig und führte uns stolz den Kühlschrank vor. Er steckte den Stecker in die Steckdose und der Kühlschrank fing wieder an zu surren. Meine Frau öffnete gleich die Tür und fasste ins
10 Tiefkühlfach.

„Au!", schrie sie und zog ihre Hand schnell zurück.

„Schon so kalt?", fragte ich erstaunt.

„Nein, so heiß!", rief sie. Ich fasste vorsichtig in den Kühlschrank. Er strahlte eine gewaltige Hitze aus. „Moment, Moment!", sagte
15 Herr Knorps eifrig, kniete sich vor unseren Elektroherd, der neben dem Kühlschrank steht, und öffnete die Backofentür. „Habe ich mir sofort gedacht!", sagte er triumphierend und zeigte auf die dünne Eisschicht, die sich im Herd gebildet hatte. Vorsichtig streckte ich meine Hand aus: Die Bratröhre war so kalt, dass ich sie kaum anfas-
20 sen konnte.

„Eine kleine Verwechslung! Ich scheine da zwei Drähte vertauscht zu haben", entschuldigte sich Herr Knorps. „Für heute muss ich leider Schluss machen. Feierabend! Aber morgen werde ich die Sache ganz schnell in Ordnung bringen."

25 Wir zogen den Stecker aus der Steckdose, damit der Kühlschrank nicht zu heiß wurde, und räumten die Butter und die Wurst in den Herd.

Am nächsten Morgen kam Herr Knorps gleich nach dem Frühstück und ging sofort an die Arbeit. Als er am Abend fertig war, kühlte

30 unser Kühlschrank wieder und der Elektroherd heizte.

Leider war ich immer noch nicht ganz zufrieden. Aus dem Elektroherd ertönte laute Musik, sobald man ihn anstellte. Unser Küchenradio hingegen gab keinen Ton mehr von sich. Aber ich konnte bei unserem Herd keinen Sender einstellen, so sehr ich

35 auch an allen Knöpfen drehte. Und das störte mich. So ließ ich Herrn Knorps am nächsten Tag noch einmal kommen. Am Abend führte er uns dann das Küchenradio vor: Es spielte wieder und wir bekamen sogar drei Sender herein, die früher noch nie jemand gehört hatte. Aber er musste wieder irgendein Drähtchen verwech-

40 selt haben. Jedenfalls ging das Licht an, wenn ich den Telefonhörer abnahm. Und wenn jemand draußen auf unseren Klingelknopf drückte, fing drinnen unsere Spülmaschine an zu laufen. Herr Knorps entschuldigte sich und versprach, gleich am nächsten Tag die Sache zu richten.

45 Inzwischen haben wir uns an Herrn Knorps gewöhnt. Wir sind schon richtig befreundet. Unsere Wohnung ist zwar ein bisschen ungewöhnlich jetzt, aber wir finden sie sehr, sehr gemütlich.

Paul Maar

Die kranken Schwestern

In einem Dorf, in welchem es weder einen Arzt noch ein Spital gab, wurden vor langer Zeit zwei Schwestern gleichzeitig krank, und da sie keine Angehörigen mehr hatten, blieb ihnen nichts anderes übrig, als sich gegenseitig zu pflegen. An einem Tag machte
5 zum Beispiel die Erste den Tee und die Zweite die Umschläge und am nächsten Tag umgekehrt. Sie wurden zwar nicht richtig gesund, blieben aber doch am Leben.

Später wurde ein Bauer im Dorf krank, und niemand wusste, was ihm fehlte. „Fragt doch die kranken Schwestern", sagte plötz-
10 lich der Schmied. Darauf holte man die kranken Schwestern zu diesem Bauern, und sie blieben bei ihm und machten ihm Tee und Umschläge, und schon nach kurzer Zeit war er wieder gesund und konnte aufs Feld gehen. Von jetzt an fragte man immer, wenn jemand im Dorf krank wurde, die kranken Schwestern um Hilfe,
15 und sie kamen und pflegten die Kranken. Das gab ihnen so viel zu tun, dass sie gar nicht mehr merkten, dass sie eigentlich krank waren, und ihr Ruf verbreitete sich so weit, dass man die Frauen, welche die Kranken pflegen, noch heute die Krankenschwestern nennt, obwohl sie weder Schwestern noch krank sind, wenigstens
20 die allermeisten von ihnen.

Franz Hohler

Nur ein Traum?

Das Kaninchen war so erkältet, dass es fast nichts mehr riechen konnte. Und seine Augen tränten so sehr, dass es auch fast nichts mehr sehen konnte. Es wollte sich aus seinem Bau ein Taschentuch holen, doch da es so schlecht sehen konnte, lief es in die falsche

5 Richtung, und da es so schlecht riechen konnte, roch es den Fuchs nicht, kroch versehentlich in dessen Bau und schnäuzte sich die Nase in einem Geschirrhandtuch. Dann legte es sich ins Bett, um zu schlafen.

Im Bett lag natürlich der Fuchs. Er schlief schon längst, denn

10 er war an diesem Abend besonders müde gewesen. Als sich das Kaninchen an ihn kuschelte, schreckte er hoch – und traute seinen Augen nicht. Er betrachtete die langen Ohren, das zarte Fell und das rosa Näschen, das sich an ihn schmiegte. „Das wird leider nur ein schöner Traum sein", dachte er schlaftrunken. „Ich bin

15 ja nicht blöd."

Er drehte sich auf die andere Seite und schlief weiter. Nach ein paar Stunden wachte das Kaninchen auf. Der Schnupfen war nun etwas besser. Es rieb sich die Augen und blickte sich um. Als es den Fuchs entdeckte, erschrak es fast zu Tode! Leise und vorsich-

20 tig kletterte es aus dem Bett und hoppelte, so schnell es konn- te, ins Freie. Wenig später erwachte der Fuchs ebenfalls. Ohne Kaninchen, ganz allein. „Dachte ich's mir doch", murmelte er. Dann musste er niesen.

Jens Rassmus

Die gebildete Katze

Die Katze sitzt vorm Mauseloch,
in das die Maus vor Kurzem kroch,
und denkt: „Da wart nicht lang ich,
die Maus, die fang ich!"

5 Die Maus jedoch spricht in dem Bau:
„Ich bin zwar klein, doch ich bin schlau!
Ich rühr mich nicht von hinnen,
ich bleibe drinnen!"

Da plötzlich hört sie – statt „miau" –
10 ein laut vernehmliches „wau-wau"
und lacht: „Die arme Katze,
der Hund, der hat'se!
Jetzt muss sie aber schleunigst flitzen,
anstatt vor meinem Loch zu sitzen!"

15 Doch leider – nun, man ahnt's bereits –
war das ein Irrtum ihrerseits,
denn als die Maus vors Loch hintritt
– es war nur ein ganz kleiner Schritt –
wird sie durch Katzenpfotenkraft
20 hinweggerafft! – – –

Danach wäscht sich die Katz die Pfote
und spricht mit der ihr eignen Note:
„Wie nützlich ist es dann und wann,
wenn man 'ne fremde Sprache kann …!"

Heinz Erhardt

Die Buntstifte

Charles M. Schulz

Selten so gelacht

Die Nacht ist hereingebrochen. Es gießt wie aus Eimern, und die Blitze zucken über den Himmel. An die Tür eines einsamen Forsthauses pocht ein Wanderer und bittet um Unterkunft.

„Na, schön", sagt der Förster, „aber Ihr Bett müssen Sie sich schon selber machen." „Wenn es weiter nichts ist", sagt der Wanderer dankbar. „Gut," sagt der Förster, „hier haben Sie Hammer und Nägel, die Bretter liegen draußen im Schuppen."

Sitzen zwei alte Herren auf einer Bank im Park.
Sagt der eine: „Ja, ja."
Sagt der andere: „Ja, ja, ja."
Da kommt ein Dritter, setzt sich dazu und sagt: „Ja, ja, ja, ja, ja."
„Du", flüstert der Erste dem Zweiten zu, „lass uns gehen, der redet mir zu viel."

Eine Frau leiht sich in der Bibliothek ein Buch aus. Nach ein paar Tagen bringt sie es wieder zurück. Sie sagt zu dem Mann an der Theke: „Das Buch war leider sehr langweilig. Zu viele Personen und Zahlen, ich geb es wieder ab."

Der Mann dreht sich zu seinen Kollegen um: „Leute, unser Telefonbuch ist wieder aufgetaucht!"

Herr Balaban erzählt

Zu meinem berühmten Vorfahren, dem Mullah Nasreddin Hodscha, kam einmal ein Nachbar, um sich die Wäscheleine auszuborgen.

„Tut mir leid", sagte der Hodscha, „ich kann dir meine
5 Wäscheleine nicht borgen. Ich habe gerade Mehl zum Trocknen daran gehängt."

„Aber ich bitte dich, Hodscha, man kann doch Mehl nicht auf eine Wäscheleine hängen!"

„Doch", sagte der Hodscha, „wenn man seine Wäscheleine
10 nicht verleihen will, dann geht das ganz gut."

Einer sagte zu Herrn Balaban: „Radio, Fernsehen, Mobiltelefone und Internet – ich verstehe gar nicht, wie die Leute früher ohne all das leben konnten!"

„Konnten sie auch gar nicht!", sagte Herr Balaban,
15 Du siehst ja: Sie sind alle gestorben."

Eines Nachmittags ging Herr Balaban nur schnell auf einen Sprung nach Hause, weil er da etwas vergessen hatte. Als er ankam, war die Tür offen. Herr Balaban schaute vorsichtig hinein: Es hatte sich doch tatsächlich
20 ein Einbrecher in seine Wohnung verirrt und suchte in den Schubladen nach Geld.

„Ach", sagte Herr Balaban, „ich habe schon lange die Hoffnung aufgegeben, hier Geld zu finden. Aber suchen Sie nur, Sie sind ja ein Profi, vielleicht haben Sie mehr
25 Glück als ich!"

Martin Auer

173

Die Schildbürger gehen baden

Spielstück für Narren und Schelme

Personen: Erzähler/in, Bürgermeister von Schilda,
sieben Schildbürger, Till Eulenspiegel

Erzähler/in: Nahe bei Schilda fließt ein kleiner Fluss. An einem warmen Sommertag kommen die Bürger von Schilda und der Bürgermeister auf die Idee, darin zu baden. Es sind ihrer Acht, die sich auf den Weg zum Fluss machen. Der Bürgermeister und sieben Schildbürger.

Bürgermeister: *(steckt den Finger ins Wasser)* Oh, das Wasser ist ziemlich kalt. Wir müssen uns warm anziehen, wenn wir darin baden wollen.

Schildbürger 1: Lasst uns zurück in die Stadt gehen und warme Wintersachen aus dem Schrank holen.

Erzähler/in: Die Acht kommen mit ihren Wintersachen zurück zum Fluss und ziehen sich erst einmal warm an. *(Alle ziehen mehrere Kleidungsstücke übereinander, steigen ins Wasser und planschen vergnügt darin herum.)*

Schildbürger 2: Herrlich! So lässt es sich aushalten!

Schildbürger 3: Was für ein Spaß!

Schildbürger 4: Wer kann am längsten tauchen?

Schildbürger 5: Ich!

Erzähler/in: Nach einer Weile kommt der Bürgermeister auf die Idee, nachzuprüfen, ob auch noch alle Schildbürger da sind und keiner ertrunken ist.

Bürgermeister: *(zählt laut die Köpfe, die aus dem Wasser ragen)* Eins, zwei, drei, vier, fünf, sechs, sieben! Häh? *(Er zählt langsam ein zweites Mal und kratzt sich am Kopf.)*

Erzähler/in: So sehr er sich auch umguckt, einen achten Kopf kann er nirgends entdecken.

Bürgermeister: Ich glaube, einer von uns ist ertrunken!

Erzähler/in: Alle Schildbürger fangen nun an die Köpfe zu zählen, und alle kommen nur auf sieben.

Schildbürger: *(zählen gleichzeitig und schreien durcheinander.)* Hilfe! Hilfe! Eine Katastrophe! Wer fehlt? Wie schrecklich? Wer ist ertrunken?

Erzähler/in: Da kommt Till Eulenspiegel des Wegs, hört ihre Klagen und lässt sich ihr Problem schildern.

Eulenspiegel: Es gibt nur einen Weg herauszufinden, wer von euch ertrunken ist. Legt euch ans Ufer und steckt die Nasen tief in den Schlamm! *(Alle tun, was er gesagt hat.)* So, jetzt steht ihr wieder auf und zählt die Löcher, die eure Nasen im Schlamm hinterlassen haben. *(Alle zählen gemeinsam im Chor die Löcher.)*

Schildbürger: Acht Löcher, da sind wir ja alle wieder da! *(Alle fallen sich erleichtert um den Hals.)*

Bürgermeister: Danke, Herr Eulenspiegel! *(schüttelt ihm die Hand)* Kommt, lasst uns nach Hause gehen und feiern!

Erzähler/in: Alle gehen mit nassen Kleidern, schwarzen Nasen und sehr zufrieden nach Hause.

nach Paul Maar

175

Rad fahren

Jean Metzinger

Das treue Rad

Der Radfahrkünstler *Sausebrand*
ist wohlbekannt in Stadt und Land.

> Nicht minder kennen Land und Stadt
> Rundumundum, sein treues Rad.

Frühmorgens, wenn die Sonn' aufgeht,
Rundumundum vom Stroh aufsteht,

> geht brunnenwärts mit andrem Vieh
> und wäscht sich Miene, Brust und Knie.

Worauf's, bis man zum Frühstück pfeift,
mit Karo noch ein Weilchen läuft.

> Um sieben tritt aus seiner Tür
> laut pfeifend *Sausebrand* herfür.

Und langgestreckten Laufes naht
Rundumundum, sein treues Rad.

> Es kniet sich hin wie ein Kamel
> und trinkt vergnügt sein Schälchen Öl.

Und freundlich klopft ihm *Sausebrand*
den Rücken mit der flachen Hand.

Nun aber schnell!

Der Herr ruft: Hopp! – und sprengt davon im Hochgalopp.

Christian Morgenstern

Das Fahrrad – wer hat es erfunden?

1817 gab es eine Hungersnot in Deutschland, bei der auch viele Pferde starben. Weil Pferde damals das wichtigste Transportmittel waren – als Reittier und Zugtier vor Wagen – wollte Karl Drais ein Gefährt entwickeln, mit dem sich der Mensch ohne Pferde schnell
5 vorwärts bewegen kann.

So hat Drais vor etwa 200 Jahren das erste bekannte Zweirad erfunden. Draisine wird es auch genannt. Die Draisine war vollständig aus Holz gebaut – Reifen,
10 Lenker und Gestell. Pedale und eine Kette hatte es damals noch nicht. Um vorwärts zu rollen, musste man sich mit den Füßen vom Boden abstoßen. Deshalb bezeichnet man das erste Fahrrad auch als „Laufrad". Das Laufrad
15 erregte zwar viel Aufmerksamkeit, aber als Fortbewegungsmittel hat es sich nicht durchgesetzt.

Der französische Mechaniker Pierre Michaux und sein Sohn Ernest haben die Draisine 1861
20 dann in ein Velociped umgewandelt. Das Velociped fuhr mit Kurbel und Tretpedal, ähnlich wie heute unsere Fahrräder.

1870 verfeinerte der Engländer James Starley das Velociped in
ein Hochrad. Das hatte ein sehr großes Vorderrad und ein kleines
Hinterrad. Es war aus Stahl
und hatte Gummireifen.
Als Hochradfahrer thronte
man anderthalb Meter über
dem Boden. Die Fahrt war
aber nicht ganz ungefähr-
lich: Viele Hochradfahrer
stürzten und verletzten
sich manchmal tödlich.

Zwischen 1878 und 1888
gab es noch einige wichtige
Erfindungen, z. B. den Kettenantrieb des Hinterrades. Nun fuhr es
sich deutlich sicherer, weil jetzt Antrieb und Lenkung voneinan-
der getrennt waren. Mit der Erfindung des Luftreifens durch John
Boyd Dunlop wurde das Radeln noch leichter.

Als die Fahrräder billi-
ger wurden, weil man sie
industriell fertigen konnte,
leisteten sich immer mehr
Menschen ein Rad.
Der Siegeszug des Fahrrads
war nicht mehr aufzuhal-
ten: Viele fuhren mit dem
Rad zur Arbeit, Radeln wurde modern und eine beliebte Sportart.
Bis heute ist es das umweltfreundlichste Transportmittel.

Olga-Luise Dommel

179

Die Fahrradprüfung

Paul fährt mit seinem Fahrrad zur Schule. Er hat kein blödes Mountainbike. Kein Streetbike. Paul hat ein Superhelden-Fahrrad. Das hat er geerbt. Das Fahrrad ist nicht mehr ganz neu – aber es steckt voller Geheimwaffen. Paul muss nur einen Knopf drücken
5 und schon sprüht hinten aus einer Düse Nebel.

Doch heute braucht er den Nebelknopf wahrscheinlich nicht mehr. Heute ist ein großer Tag. Heute kommt die Polizei in die Schule, denn Pauls Klasse macht Fahrradprüfung.

Als Paul in der Schule ankommt, sind die meisten anderen schon
10 da. Die mit ihren neuen Rädern. Mit den Mountainbikes. Und Streetbikes. Die Polizisten laufen von Fahrrad zu Fahrrad und kontrollieren sie. Denn nur verkehrssichere Fahrräder werden zur Fahrradprüfung zugelassen. Die BMX-Fahrradbesitzer kommen am schlechtesten weg. „Licht, Schutzbleche und Fahrradständer
15 fehlen", sagt der eine Polizist. Die BMX-Fahrradbesitzer dürfen nicht auf ihren eigenen Fahrrädern die Prüfung machen. Sie steigen auf Polizeiräder um.

Dann kommen die Polizisten zu Pauls Rad.

„Na, das ist doch mal ein Drahtesel. Wie früher!", sagt der eine Polizist
20 zum anderen. Haben die eine Ahnung! Drahtesel. Wie früher.

Die beiden Streifenhörnchen stehen vor dem modernsten Geheimagentenfahrrad der Welt und halten es für einen Drahtesel. Aber Paul sagt nichts dazu. Und sein Fahrrad wird für die Prüfung zugelassen! Damit ist sie so gut wie bestanden, denn Paul und

25 sein Fahrrad sind ein eingespieltes Team. Ein Gewinnerteam. Die Prüfung beginnt. Auf dem Schulhof sind Straßen aufgemalt. Die Polizisten haben Ampeln aufgestellt. Jetzt muss Paul durch diese Straßen fahren und auf die Verkehrsregeln achten. Das ist für einen Superhelden besonders schwer, denn normalerweise rettet

30 er die Welt und muss nicht auf Verkehrsregeln achten.
Paul schwingt sich wieder auf sein Fahrrad, schaltet die Nebelmaschine, den Wasserwerfer und den Neutronenzerstäuber aus und drückt den Knopf: Auf Verkehrsregeln achten. Und schon fährt er los. Und er fährt richtig gut. Er hält bei Rot, fährt bei

35 Grün, lässt alle, die von rechts kommen, zuerst fahren und fährt auch nicht schneller als 50 Stundenkilometer.
Und am Ende? Ja, am Ende bekommt Paul einen Fahrradführerschein. Und ist damit wahrscheinlich der einzige Superheld mit Fahrradführerschein. Er rast nach Hause, um seinen Eltern den

40 Führerschein zu zeigen. Sie werden stolz auf ihn sein.

Michael Fuchs

► Als selbst ernannter Held erlebt Paul die tollsten Abenteuer. Nachlesen kannst du sie in dem Buch „Paul der Superheld" von Michael Fuchs.

Fahrrad für zwei

Mein Bruder Marty und ich stiegen auf das Fahrrad und zischten los. Wir hatten nur ein Fahrrad, und weil ich der Jüngere war, musste ich nach hinten und auf dem Drahtgepäckträger sitzen. Marty strengte sich mächtig an, durch wirklich jedes Schlagloch

5 zu fahren. „Ups, tut mir echt leid", rief er jedes Mal über die Schulter. „Hoffentlich hat es nicht wehgetan." Mir blieb nichts anderes übrig, als mich festzuhalten. Marty überprüfte die vordere Lampe. „Auf dem Heimweg wird es dunkel sein. Ohne Licht nachts auf der Straße, das würde mir gar nicht gefallen. Wer weiß,

10 was sich hinter den Büschen verbirgt."

„Vergiss es, Marty", sagte ich. „Mir kannst du mit deinen Geschichten keine Angst machen." Marty verstand es wirklich hervorragend, anderen Angst einzujagen. Sogar an einem sonnigen Sommerabend schaffte er es, dass ich an später dachte, wie es im

15 Dunkeln sein würde.

Nach der Disko wartete Marty draußen am Fahrrad auf mich. Aber er war nicht allein. Ein Mädchen saß auf dem Gepäckträger – meinem Gepäckträger! Ich zog Marty am Ärmel, bis sein Ohr auf einer Höhe mit meinem Mund war. „Was macht die auf meinem

20 Gepäckträger?", flüsterte ich. „Sag ihr, sie soll runter."

Marty seufzte und legte mir einen Arm um die Schultern.

„Hör mal, Tim. Margaret hat mich gefragt, ob ich sie eben ins Dorf fahre." „Papa hat gesagt, halb elf, Marty. Sonst dürfen wir nie mehr allein weggehen."

25 „Ich habe nicht genug Zeit, zweimal hin- und herzufahren. Deshalb gehst du über die Felsen nach Hause. Wir treffen uns dann am Tor", sagte Marty. Ich kicherte. „Eben dachte ich, du hättest gesagt, ich soll über die Felsen gehen." Marty grinste. „Braver Bruder. Ich wusste, du würdest mich verstehen."

30 Ich war platt. „Marty! Bist du verrückt? Ich darf nicht zu den Felsen." Marty war schon auf dem Weg zum Fahrrad. „Mama und Papa werden es nie erfahren. Du hast doch wohl keine Angst?"

„Natürlich nicht. Es ist nur, nachts sind die Felsen so dunkel. Und es scheint kein Mond."

35 Marty verdrehte die Augen. „Okay, Kleiner, nimm die hier." Er zog die Lampe von seinem Fahrrad und reichte sie mir. „Und bleib auf dem Weg."

„Wir sehen uns in einer halben Stunde", sagte ich und knipste die Lampe an. Marty stieg aufs Fahrrad. „Und wehe, du bist nicht da.

40 Dann erzähle ich Papa, dass du eine Freundin gefunden hast und nicht nach Hause wolltest."

„Das ist gemein!", schrie ich dem Fahrrad hinterher. „Ich hasse Mädchen!"

Eoin Colfer

▶ Was Tim auf dem Weg über die Felsen erlebt, erfährst du in Eoin Colfers Buch „Tim und das Geheimnis von Captain Crow".

183

Berufe rund ums Fahrrad

Auf Rädern zum Ruhm

Radprofis fahren nicht nur zum Spaß. Sie haben ihr Hobby zum Beruf gemacht. Täglich trainieren sie und fahren pro Jahr Zehntausende von Kilometern. Bekannte Firmennamen prangen auf ihren Trikots. Von diesen Sponsoren erhalten sie ihr Gehalt. Wirklich viel Geld verdienen aber nur die allerbesten Fahrer, wenn sie große Rennen wie die „Tour de France" gewonnen haben. Alle Medien berichten dann über sie.

Spezialist für Radprobleme

Manche moderne Räder sind fast schon technische Wunderwerke. Weit entfernt vom einfachen Drahtesel gibt es Fahrräder, die so teuer wie ein Kleinwagen sind und speziell gewartet werden müssen. Darum kümmern sich Fahrradmechaniker und Fahrradhändler. Bei ihnen kann man natürlich auch Räder und das notwendige Zubehör kaufen.

Auf Rädern zum Applaus

Fahrradjongleure und Kunstradfahrer brauchen neben Talent zur Show eine sehr gute Körperbeherrschung. Sie treten im Zirkus oder als freischaffende Artisten auf. Ihre Figuren müssen sie immer spektakulärer machen, um das Publikum zu begeistern. Was ganz leicht und spielerisch aussieht, haben sie sich durch hartes Training erarbeitet.

Schwere Taschen – leicht bewegt

Radelnde Postboten bringen Briefe, Postkarten und Zeitschriften. Wo Auto oder Fußmärsche unwirtschaftlich sind, bietet sich der Dienst auf dem Fahrrad an. Jeden Morgen holen die Briefträger die Sendungen vom Postamt ab und verstauen sie in großen Taschen auf dem Fahrrad. Dann fahren sie in ihre Bezirke und teilen die Post aus.

Auf Rädern zum Tatort

In vielen Städten sichern Polizisten auf Rädern Parkanlagen und vom Verkehr verstopfte Straßen. Sie kommen hier schnell voran und fahren umweltfreundlich.

Oft fährt man mit dem Rad viel angenehmer, als sich in den Verkehrsschlangen mit Blaulicht und Martinshorn mühsam einen Weg bahnen zu müssen. Deshalb übernehmen Polizisten diese Einsätze sehr gerne.

Auf schnellem Weg zum Ziel

Fahrradkuriere sind hauptsächlich in mittleren und großen Städten unterwegs.

Dort sind Fahrräder nämlich häufig die schnellsten Verkehrsmittel. Die Kuriere transportieren Dokumente und kleinere Sendungen bis etwa zwei Kilogramm in ihrer großen Rückentasche. Ihre Aufträge bekommen sie über Funk von einer Zentrale.

Pro Tag legen sie manchmal mehr als 200 Kilometer auf ihrem Rad zurück.

Das Trikot mit den Punkten

Ehe ich losfahre, nehme ich den Straßenplan und ein Blatt Papier. Oben notiere ich:

Tour de France, 4. Etappe Jägerstraße 14 – Amselstraße 45

Alle Straßen, durch die ich fahren muss, zeichne ich sorgfältig auf
5   das Blatt Papier. Fasanen-, Rotkehlchen-, Specht- und Amselstraße. Maartens Wohnviertel scheint ein regelrechtes Vogelrevier zu sein. An die Stelle des Berges zeichne ich ein Dreieck. Darunter schreibe ich in großen Buchstaben ALPEN.

„Die Alpen? Übertreibst du da nicht ein bisschen?" Meine Mutter
10   schaut mir über die Schulter. Bevor sie noch mehr lesen kann, falte ich meinen Plan zusammen und stecke ihn in die Hosentasche.

„Soll ich dich bis zu Maartens Haus begleiten?"

„Nein, Mama. Mit meinem Plan kann ich mich unmöglich verfahren." Würde ich zusammen mit meiner Mutter zu Maarten radeln,
15   müsste ich die ganze Zeit brav hinter ihr bleiben. Und die Hände am Lenker halten. Am Fuß des Berges hielten wir zweifellos an und schöben unsere Fahrräder hinauf. Sie hat nämlich keine Gangschaltung. Ich dagegen könnte in einem durch zum Gipfel spurten.

20   Solange meine Mutter mich sehen kann, fahre ich sehr langsam. Erst mal um die Ecke, lege ich mich ins Zeug und trete fester in die Pedale. Mit Leichtigkeit schalte ich in den dritten Gang. Ich überhole einen Radfahrer nach dem andern. Wer nicht schnell genug zur Seite ausweicht, den verscheuche ich mit meiner Klingel.

25 Es gelingt mir sogar, eine Zeit lang einem Mofa auf den Fersen zu bleiben. Noch eine Kurve und ich stehe Auge in Auge mit dem Berg. Halt dich fest, Berg. Hier kommt Sven Hasebruch. Ich reiße kräftig an meinem Lenker und fange an zu klettern.

Wir kommen zum Fuß des Berges, verehrte Hörer. Es ist ordentlich heiß
30 *und das wird den Aufstieg für die Rennfahrer gewiss nicht erleichtern. Und sofort sehen wir eine erste Attacke. Es ist Sven Hasebruch, der ausreißt. Der Hase, wie er wegen seiner schnellen Beine genannt wird. Er will unbedingt beweisen, dass er nicht nur spurten kann, sondern auch klettern wie die Besten. Das hat er uns selbst beim Start zu dieser*
35 *Bergetappe gesagt. Und der Hase hält Wort. Die Fahrer im Feld schauen sich an. Wer wagt, ihm zu folgen? Vorläufig niemand. Jetzt kommt der Hase auf ein steileres Stück. Es wird schwer für ihn, liebe Hörer. Er rackert sich ab. Er keucht. Er kann das Tempo nicht halten.*

Ich bin jetzt auf der Hälfte des Berges. Ich stehe in meinen Pedalen
40 und presse das Letzte aus mir heraus. Der Schweiß tropft mir von der Stirn. Ich hätte besser meine Jacke ausgezogen, bevor ich loslegte. Mein T-Shirt klebt mir auf der Haut. Ich öffne den Reißverschluss der Jacke und greife zu meiner Trinkflasche. Leer.

In der Eile habe ich ganz vergessen sie aufzufüllen. Mir zittern die
45 Knie, und das macht es noch schwerer, nach oben zu fahren. Ich
schalte vom zweiten in den ersten Gang. Die Kette tanzt auf dem
Zahnrad auf und ab. Ein paar Sekunden lang komme ich schneller
vorwärts, aber dann stehe ich auf der Stelle.

Das Geklingel von Fahrrädern lässt mich aufschrecken. „Aus dem
50 Weg, Junge. Aus dem Weg!" Ehe ich es richtig begreife, werde ich
von einem Trupp von Fahrradausflüglern überholt. Ihre Trikots
glänzen in der Sonne. Nur der Allerletzte wirft einen raschen Blick
zur Seite. Allem Anschein nach ist der Mann mindestens fünfzig.
Was für eine Demütigung.

55 Ein Seniorenverein hat mich abgehängt. Ich lenke mein Rad auf
den Grünstreifen. Enttäuscht steige ich ab.

Da stehe ich, über mein Rad gebeugt und nach Luft schnappend.
In meinem weißen T-Shirt, ohne rote Punkte. Mir bleibt nichts
anderes übrig, als das letzte Stück bis zum Gipfel zu Fuß zurück-
60 zulegen. Ich hoffe inständig, dass mich keiner sieht. Lieber würde
ich in den Boden versinken.

Peter Slabbynck

Förster Franz und die Füchse

Förster Franz wollte fünf Fahrrad fahrende
flinke, flotte Füchse fangen,
aber die fünf Fahrrad fahrenden flinken, flotten Füchse
fuhren im Forst flink und flott auf und davon.
Und klingelten zum Hohn.

Josef Guggenmos

Sempé

Paul Klee

Tausend Fragen
schwirren mir im Kopf herum

Woher kommen wir?

Gibt es mich
nur einmal auf der Welt?

 Ist eigentlich mein ganzes Leben
von Anfang an vorbestimmt?

Wo endet die Unendlichkeit?

Michèle Lemieux

Gelb und Rosa

Zwei kleine Holzkerle lagen eines Tages auf einer alten Zeitung in der Sonne. Der eine war kurz, dick und rosa bemalt, der andere war lang, dünn und gelb bemalt.

Nach einer Weile setzte sich der Gelbe auf: „Kennen wir uns?",
5 fragte er. „Ich glaube nicht", antwortete Rosa. „Wissen Sie zufällig, was wir hier sollen?", fragte Gelb. „Nein", sagte Rosa. „Ich weiß nicht einmal, wie ich hierhin gekommen bin." – „Ich auch nicht", sagte Gelb und sah sich um. „Es ist einfach merkwürdig, wie wir hierhin gelangt sind. Wer sind wir eigentlich?"

10 Rosa betrachtete Gelb nun etwas genauer. Er bewunderte Gelb wegen seiner Farbe, seinem wohlgeformten Kopf, wegen seiner ganzen Gestalt. „Jemand muss uns gemacht haben", sagte er.

„Wie sollte irgendjemand etwas so Kompliziertes, so Vollkommenes wie mich machen können?", fragte Gelb. „Oder, von mir aus,
15 wie Sie. Und würden wir nicht wissen, wer uns gemacht hat? Schließlich müssen wir dabei gewesen sein. – Ich glaube eher, wir sind der pure Zufall."

Gelb stand auf und begann herumzugehen. „Man kann es sich vielleicht so vorstellen, ich rede einmal ins Unreine. Nehmen wir
20 an, ein Ast fiel von einem Baum auf einen spitzen Stein, und zwar gerade so, dass ein Ende gespalten wurde und daraus Beine entstanden. Die Beine haben wir also schon einmal." – „Okay", sagte Rosa. „Nehmen war einmal an, Sie haben Recht. Wollen Sie mir dann auch noch weismachen, dass alle diese seltsamen Zufälle
25 sich nicht nur einmal, sondern zweimal ereignet haben – denn schließlich sind wir zwei."

„Erklären Sie mir bitte dies", sagte Rosa, „wie kommt es, dass wir so angemalt sind, wie wir es sind? Und es ist so hübsch und ordentlich geworden. Was sagen Sie dazu, mein gelber Freund?"

30 Gelb war still geworden. Er lehnte sich an einen Baumstumpf und kratzte sich den hölzernen Kopf. „Ich kann nicht alle Fragen beantworten", sagte er endlich. „Einige Dinge werden ein Geheimnis bleiben. Vielleicht sogar für immer. Aber warum streiten wir uns an einem so schönen Tag?"

35 In diesem Augenblick kam ein Mann dahergeschlurft und summte ein Lied. Er nahm Rosa hoch und betrachtete ihn. Dann nahm er Gelb auf und betrachtete ihn.

„Trocken", sagte er. Er klemmte sie beide unter seinen Arm und ging dahin zurück, wo er hergekommen war. „Was ist das für ein

40 Kerl?", flüsterte Gelb in Rosas Ohr. Rosa wusste es nicht.

William Steig

Reich und arm

Ein Gutsherr aus unserer Gegend hat sich von einem Tagelöhner
in einer Nacht im Winter 1908 übers Eis vom See führen lassen.
Sie haben gewußt, daß im Eis ein Riß war, aber nicht wo, und der
Tagelöhner hat vorausgehen müssen - die zwölf Kilometer.

5   Dem Herrn ist angst geworden und er hat ihm einen Gaul versprochen,
wenn sie hinüberkommen. Wie sie so in der Mitte gewesen sind,
hat er wieder geredet und gesagt: „Wenn du durchfindest und ich
breche nicht ein, kriegst du ein Kalb."
Dann hat man das Licht von einem Dorf gesehen und er hat
10 gesagt: „Gib dir Mühe, damit du dir die Uhr verdienst."
Fünfzig Meter vom Ufer hat er noch von einem Sack Kartoffeln
gesprochen, und wie sie da waren, hat er ihm eine Mark gegeben
und gesagt: „Lang hast du gebraucht."

Bertolt Brecht

Die Kreide und der Schwamm

Eine Kreide begann langsam einen Satz an die Wandtafel
zu schreiben:

„Etwas vom Wichtigsten auf der Welt ist – "
„Na?", sagte der Schwamm, der sich tropfend näherte.
„ – der Schwamm", schrieb die Kreide schnell.
„Na also", sagte der Schwamm und ließ sich zufrieden
in seine Schale unter der Tafel sinken.

Das Ausland

Ein Mann war seit vielen Wochen unterwegs. Im Ausland, hatte er gehört, sei es fast wie im Paradies, und dahin wollte er. Der Mann ging von Land zu Land. Keines glich dem Ausland, das man ihm beschrieben hatte. Er stapfte über Weiden und Wiesen.

5 „Was suchen Sie?", rief ein Bauer. Seine Sprache klang fremd, als käme sie aus einem breiteren Mund mit flacheren Zähnen. „Das Ausland", sagte der Mann. „Nur immer der Nase nach," rief der Bauer, „so können Sie es nicht verfehlen." Der Mann griff sich an seine Nase. Er lachte, winkte und ging weiter.

10 Am folgenden Morgen war er über der Grenze. Es sah hier nicht aus wie im Paradies, auch nicht fast wie im Paradies, eher noch fast wie zu Hause. Zur Sicherheit fragte er doch einen Straßenarbeiter. „Entschuldigung, ist hier das Ausland?" Der Arbeiter wies ihm den Weg: „Nur immer der Nase nach!" Das war aber genau die

15 Richtung, aus der der Mann gekommen war. Er kehrte um, müde und verwirrt.

So geriet er bald darauf wieder auf die Wiesen des Bauern: „Schon zurück aus dem Ausland?" – „Zurück schon", stotterte der Mann. Er hatte auf einmal einen traurigen Verdacht: „Vielleicht gibt es

20 das gar nicht", sagte er zu sich selbst, „dieses Ausland." Der Bauer nahm an, der Fremde sei nicht recht im Kopf. Und dann seine Sprache: Sie klang, als käme sie aus einem schmaleren Mund mit spitzeren Zähnen. „Wenn man Ihnen so zuhört", sagte er, „Sie sind wohl ein Ausländer, wie? Kehren Sie nach Hause zurück. Da

25 ist das Ausland!"

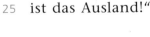

Jürg Schubiger

195

antipoden

ein blatt
  und unter diesem
ein blatt
  und unter diesem
5 ein blatt
  und unter diesem
ein blatt
  und unter diesem
ein tisch
10 und unter diesem
ein boden
  und unter diesem
ein zimmer
  und unter diesem
15 ein keller
  und unter diesem
ein erdball
  und unter diesem
ein keller
20 und unter diesem
ein zimmer
  und unter diesem
ein boden
  und unter diesem
25 ein tisch
  und unter diesem
ein blatt
  und unter diesem
ein blatt
30 und unter diesem
ein blatt
  und unter diesem
ein blatt

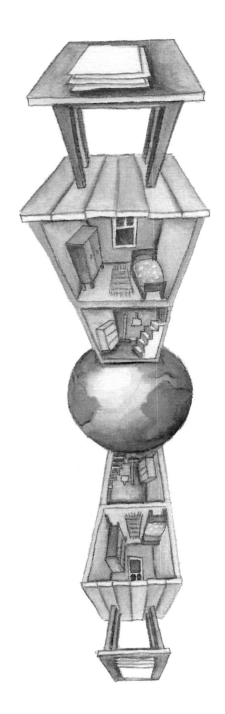

Ernst Jandl

Vom Nutzen des Purzelbaumschlagens

Beim Purzelbaumschlagen
kannst du die Welt drehen!

Vielleicht, dass sich einiges richtig stellt,
andersherum gesehen.

Jo Schulz

Betrachtung

Jedes Mal, wenn ich den Verkehrt-rum-Mann sehe,
der da im Wasser steht,
betrachte ich ihn und fange an zu lachen,
obwohl sich das vielleicht gar nicht gehört bzw. gar nicht geht.
5 Denn vielleicht steht
in einer anderen Welt,
in einer anderen Zeit,
in einer anderen Stadt
er vielleicht richtig rum,
10 und ich steh auf dem Kopf, und er hat
mein Lachen satt.

Shel Silverstein

Die drei Ringe

Der Sultan ließ den weisen Nathan zu sich rufen, weil er wissen wollte, wer den wahren Glauben hätte: der Muslim, der Jude, der Christ. Nathan antwortete mit einer Geschichte.

Vor vielen Jahren lebte ein Mann. Er besaß einen Opalring von
5   unschätzbarem Wert. Er hatte nämlich die wunderbare Kraft, denjenigen gut und angenehm zu machen, der ihn trug. Als der Mann merkte, dass er sterben musste, vermachte er den Ring dem liebsten Sohn. Der wiederum machte es genauso, als er sterben musste. So ging der Ring von Sohn zu Sohn und kam schließlich zu einem Vater
10   von drei Söhnen. Die hatte er gleich gern.

Er wusste nicht, wem er den Ring geben sollte. So ließ er von einem Goldschmied zwei neue Ringe anfertigen. Als der Vater nach einiger Zeit die drei Ringe in der Hand hielt, konnte er sie selbst nicht mehr unterscheiden. Als seine letzte Stunde kam, rief
15   er den ältesten Sohn, segnete ihn und schenkte ihm einen der drei Ringe. Dasselbe machte er mit den zwei jüngeren Söhnen.

Kurz darauf starb der Vater. Da brach ein großer Streit unter den drei Söhnen aus. Jeder behauptete, er hätte den richtigen Ring. So gingen sie schließlich zu einem klugen Richter. Der sollte sagen,
20 welcher Ring denn nun der richtige war. Der Richter dachte lange nach. Dann sprach er sein Urteil: „Jeder von euch glaubt doch, vom Vater den rechten Ring bekommen zu haben. Hat der rechte Ring nicht die Wunderkraft, den Träger dieses Rings gut und angenehm zu machen? So strebe jeder
25 von euch um die Wette, die Kraft des Rings zu beweisen. Seid von Herzen gut, hilfsbereit und gerecht." Als der Sultan diese Geschichte gehört hatte, überlegte er lange und sagte schließlich: „O Nathan, lass uns Freunde sein."

nach Gotthold Ephraim Lessing

Der Aufsatz

Die Pausenglocke war noch nicht ganz verklungen, als die Lehrerin stocksteif ins Klassenzimmer kam, gefolgt von einem Herrn in Uniform mit einem Orden auf der Brust und einer Sonnenbrille. Die Lehrerin sagte: „Aufstehen, Kinder, und schön gerade stehen."

5 Die Kinder erhoben sich und der Offizier lächelte sie unter den schwarzen Gläsern an.

„Guten Morgen, meine kleinen Freunde", sagte er. „Ich bin Hauptmann Romo. Ich komme von der Regierung, das heißt von General Perdomo, und ich möchte euch bitten, einen Aufsatz zu

10 schreiben. Wer den schönsten Aufsatz schreibt, bekommt von General Perdomo eine Goldmedaille und einen Orden wie meinen hier, in den Farben unserer Nationalflagge. Und natürlich wird er bei der Parade zum Nationalfeiertag der Fahnenträger sein." Dann legte er beide Hände auf den Rücken, stellte sich breitbeinig hin.

15 „Achtung! Setzen!" Die Kinder gehorchten.

„Also", sagte der Offizier, „Hefte auf den Tisch ...! Hefte bereit? Gut! Bleistifte auf den Tisch ...! Bleistifte bereit? Notieren! Überschrift: Bei uns zu Hause ... Verstanden? Ihr schreibt, was ihr so macht, wenn ihr von der Schule kommt, was eure Eltern machen, wenn

20 sie von der Arbeit kommen. Über Freunde und Bekannte, die euch besuchen, was alles so erzählt wird, worüber beim Fernsehen gesprochen wird ... Alles, was euch einfällt, ganz ungezwungen und frei. Fertig? Eins, zwei, drei - und los!"

Pedro betrachtete das weiße Blatt Papier und las, was er bis jetzt
25 geschrieben hatte: *„Bei uns zu Hause"*, von Pedro Malbrán, Siria-
Schule, Klasse 4a. Er flüsterte seinem Nachbarn zu: „Juan, wenn
ich die Medaille gewinne, verkaufe ich sie und kauf mir dafür
einen Fußball."
Pedro holte tief Luft und legte los: Wenn mein Papa von der Arbeit
30 kommt …

Beim Abendessen sagte er zu seinem Vater: „In der Schule
mussten wir einen Aufsatz schreiben." „Mmm. Worüber denn?",
fragte der Vater. „Über das, was wir abends so machen." Der Vater
ließ den Löffel in den Teller fallen, sodass ein Tropfen Suppe auf
35 die Tischdecke sprang. Er wechselte einen Blick mit der Mutter.
„Und was hast du geschrieben, mein Junge?", fragte sie. Pedro
stand auf und suchte zwischen seinen Schulheften herum. „Soll
ich ihn vorlesen? Der Herr Hauptmann hat mich dazu beglück-
wünscht."
40 „Der Hauptmann? Welcher Hauptmann?", rief sein Vater. „Der, der
gesagt hat, wir sollten den Aufsatz schreiben." Die Eltern schauten
sich wieder an und Pedro begann zu lesen:

Wenn mein Papa von der Arbeit kommt, warte ich auf ihn an der Bushaltestelle. Manchmal ist Mama zu Hause und wenn mein Papa kommt, sagt sie zu ihm: „Hallo Schatz, wie war's heute?" „Gut", sagt dann mein Papa, „und bei dir?" „Wie soll's gewesen sein?", sagt meine Mama. Danach spiele ich auf der Straße Fußball und am liebsten köpfe ich die Bälle ins Tor. Dann kommt meine Mama und ruft: „Essen kommen, Pedrito" und dann setzen wir uns an den Tisch und ich esse immer alles auf bis auf die Suppe, die mag ich nicht. Danach setzen sich Mama und Papa jeden Abend ins Wohnzimmer und spielen Schach und ich mache meine Hausaufgaben. Sie spielen so lange Schach, bis es Zeit zum Schlafen ist. Und danach, danach weiß ich dann nichts mehr, weil ich eingeschlafen bin.

Unterschrift: *Pedro Malbrán.*

PS: Wenn ich einen Preis für diesen Aufsatz kriege, dann hoffentlich einen Fußball. Aber keinen aus Plastik.

Pedro schaute auf und sah, dass seine Eltern lächelten. „Tja", sagte sein Vater, „dann werden wir wohl ein Schachspiel kaufen müssen. Man weiß ja nie."

45

Antonio Skarmeta

Auf der Schwelle

Auf der Schwelle des Hauses
in den Dünen sitzen.
Nichts sehen
als Sonne.
5 Nichts fühlen
als Wärme.
Nichts hören
als Brandung.
Zwischen zwei
10 Herzschlägen
glauben:
Nun
ist Frieden.

Günter Kunert

Robert Delaunay

Die vier Brüder

Vier Brüder geh'n jahraus, jahrein
im ganzen Jahr spazieren.
Doch jeder kommt für sich allein,
uns Gaben zuzuführen.

Der Erste kommt mit leichtem Sinn,
in reines Blau gehüllet,
streut Knospen, Blätter, Blüten hin,
die er mit Düften füllet.

Der Zweite tritt schon ernster auf,
mit Sonnenschein und Regen,
streut Blumen aus in seinem Lauf,
der Ernte reichen Segen.

Der Dritte naht mit Überfluss
und füllet Küch' und Scheune,
bringt uns zum süßesten Genuss
viel Äpfel, Nüss' und Weine.

Verdrießlich braust der Vierte her,
in Nacht und Graus gehüllet,
zieht Feld und Wald und Wiesen leer,
die er mit Schnee erfüllet.

Wer sagt mir, wer die Brüder sind,
die so einander jagen?
Leicht rät sie wohl ein jedes Kind,
drum brauch' ich's nicht zu sagen.

Karoline Stahl

Herr von Ribbeck auf Ribbeck im Havelland

Herr von Ribbeck auf Ribbeck im Havelland,
ein Birnbaum in seinem Garten stand,
und kam die goldene Herbsteszeit
und die Birnen leuchteten weit und breit,
5 da stopfte, wenn's Mittag vom Turme scholl,
der von Ribbeck sich beide Taschen voll,
und kam in Pantinen ein Junge daher,
so rief er: „Junge, wiste 'ne Beer?"
Und kam ein Mädel, so rief er: „Lütt Dirn,
10 kumm man röwer, ick hebb 'ne Birn."

So ging es viele Jahre, bis lobesam
der von Ribbeck auf Ribbeck zu sterben kam.
Er fühlte sein Ende, 's war Herbsteszeit,
wieder lachten die Birnen weit und breit.
15 Da sagte von Ribbeck: „Ich scheide nun ab.
Legt mir eine Birne mit ins Grab."
Und drei Tage drauf, aus dem Doppeldachhaus,
trugen von Ribbeck sie hinaus,
alle Bauern und Büdner mit Feiergesicht
20 sangen „Jesus meine Zuversicht",
und die Kinder klagten, das Herze schwer:
„He is dod nu. Wer giwt uns nu 'ne Beer?"

So klagten die Kinder. Das war nicht recht,
ach, sie kannten den alten Ribbeck schlecht.
25 Der neue freilich, der knausert und spart,
hält Park und Birnbaum streng verwahrt.
Aber der alte, vorahnend schon
und voll Misstrauen gegen den eigenen Sohn,
der wusste genau, was damals er tat,
30 als um eine Birn ins Grab er bat,
und im dritten Jahr aus dem stillen Haus
ein Birnbaumsprössling sprosst heraus.

Und die Jahre gehen wohl auf und ab,
längst wölbt sich ein Birnbaum über dem Grab,
35 und in der goldenen Herbsteszeit
leuchtet's wieder weit und breit.
Und kommt ein Jung übern Kirchhof her,
so flüstert's im Baume: „Wiste 'ne Beer?"
Und kommt ein Mädel, so flüstert's: „Lütt Dirn,
40 kumm man röwer, ick gew di 'ne Birn."

So spendet Segen noch immer die Hand
des von Ribbeck auf Ribbeck im Havelland.

Theodor Fontane

Halloween-Nacht

Tap, tap, tap, aus düstern Schatten
schleichen faulig fette Ratten.
Um die Gräber, um das Haus
flitzt die graue Fledermaus.

5 Nebel kriecht aus bösen Träumen,
krallt sich fest in kahlen Bäumen.
Und der Schrei der weisen Eulen
wird zum schauderhaften Heulen.

Hörst du dieses feine Flüstern,
10 dieses Zischeln, dieses Wispern:
Komm mit uns, der Spuk beginnt.
Heut' ist Halloween, mein Kind.

Gelbe Augen starren stumm
auf das Treiben ringsherum.
15 Wenn die dunkle Trommel ruft,
steigen sie aus ihrer Gruft:

Gruselgeister, Urgroßtanten,
Vogelscheuchen, Musikanten.
Und zum Klang der Flöten, Geigen
20 tanzen sie in wildem Reigen.

Da ertönt ein fieses Lachen.
Blutrot glüht der Kürbisrachen.
Feuer schlägt aus seinem Kopf.
Spring in diesen Hexentopf!

25 Stille, stille, weicher Schnee.
Schatten, Tänzer. Kleine Fee –
was du siehst, das kann nicht sein.
Was du glaubst, ist nichts als Schein.

Krallen, Zähne, Drachenwesen
30 schwirren her zum Hexenbesen.
Weg von hier, komm, lass uns gehen.
Was du siehst, bleibt nicht bestehn.

Geister, Ritter, Feen, macht schnell,
seht, schon wird es wieder hell.
35 Und im fahlen Morgengraun
winkt Adieu! Der Zirkusclown.

Klack! Der Spuk ist aus, mein Kind.
Durch dein Fenster streicht der Wind.
Wir, die Geister, müssen gehen,
40 drum Vorhang zu – auf Wiedersehn.

Charise Neugebauer

Nebel

Ein Vorhang aus Luft
und Duft
gewoben,

und wie der Wind
geschwind
zerstoben.

Friedrich Güll

Kleine Pfeile

Weißer Winter,
warme Weste,
wollene Socken.
Wo gestern Gras war, trippelt ein Vogel
5 kleine Pfeile in den Schnee
und merkt nicht,
dass seine Spuren
den Kater anlocken.
Mein Atem ist eine Wolke.
10 Flieg flugs fort.
Vogel,
flieg flugs fort.

Hans und Monique Hagen

Der Winter

Die Pelzkappe voll mit schneeigen Tupfen,
behäng ich die Bäume mit hellem Kristall.
Ich bringe die Weihnacht und bringe den Schnupfen,
Silvester und Halsweh und Karneval.
Ich komme mit Schlitten aus Nord und Nord-Ost.
– Gestatten Sie: Winter. Mit Vornamen: Frost.

Mascha Kaléko

Vom Himmel in die tiefsten Klüfte
ein milder Stern herniederlacht,
vom Tannenwalde steigen Düfte
und hauchen durch die Winterlüfte,
und kerzenhelle wird die Nacht.

Theodor Storm

Weihnachten – wie es wirklich war

War es so?
Maria kam gelaufen
Josef kam geritten
Das Jesuskindlein war glücklich
5   Der Ochse erglänzte
Der Esel jubelte
Der Stern schnaufte
Die himmlischen Heerscharen lagen in der Krippe
Die Hirten wackelten mit den Ohren
10   Die Heiligen Drei Könige beteten
Alle standen daneben

Oder so?

Maria lag in der Krippe
Josef erglänzte
15   Das Jesuskindlein kam gelaufen
Der Ochse war glücklich
Der Esel stand daneben
Der Stern jubelte
Die himmlischen Heerscharen kamen geritten
20   Die Hirten schnauften
Die Heiligen Drei Könige wackelten mit den Ohren
Alle beteten

Oder so?

Maria schnaufte
25   Josef betete
Das Jesuskindlein stand daneben
Der Ochse kam gelaufen
Der Esel kam geritten

Der Stern lag in der Krippe
30 Die himmlischen Heerscharen wackelten mit den Ohren
Die Hirten erglänzten
Die Heiligen Drei Könige waren glücklich
Alle jubelten

Oder so?

35 Maria jubelte
Josef war glücklich
Das Jesuskindlein wackelte mit den Ohren
Der Ochse lag in der Krippe
Der Esel erglänzte
40 Der Stern betete
Die himmlischen Heerscharen standen daneben
Die Hirten kamen geritten
Die Heiligen Drei Könige kamen gelaufen
Alle schnauften

45 *Oder etwa so?*

Maria betete
Josef stand daneben
Das Jesuskindlein lag in der Krippe
Der Ochse schnaufte
50 Der Esel wackelte mit den Ohren
Der Stern erglänzte
Die himmlischen Heerscharen jubelten
Die Hirten kamen gelaufen
Die Heiligen Drei Könige kamen geritten
55 Alle waren glücklich.

Ja, so.

Franz Hohler

Winterrätsel

Köstliche Blumen weiß ich blühn,
ohne Wurzeln und Blättergrün.
Sie prangen so kristallenzart
und sind von wunderlicher Art.
Ein seltener Meister hat sie gemacht.
Aus der Nacht
lässt er sie blühen in den Tag.
Niemand lebt, der sie pflücken mag.

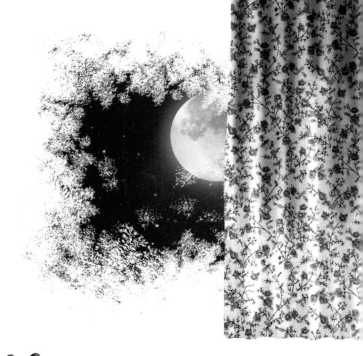

Liebes Kind, nun sag mir an,
wer ist ein gemachter Mann?

Ich bin am wärmsten,
wenn's am kältesten ist,
und ich bin am kältesten,
wenn's am wärmsten ist.

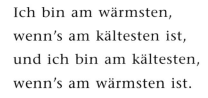

In der Luft, da fliegt es,
auf der Erde liegt es,
auf dem Baume sitzt es,
in der Hand, da schwitzt es,
auf dem Ofen zerläuft es,
im Wasser ersäuft es.

Das Hotel der vier Jahreszeiten

Ricki war auf der Suche nach dem Winter. Er wollte ihn darum bitten, endlich mit Schnee, Eis und Kälte aufzuhören. Auf seiner Suche traf er einen seltsamen Vogel, der Ricki versprach, ihn zum Winter zu führen.

5 Als Ricki das Hotel am Ende der Allee erblickte, musste er stehen bleiben und tief durchatmen. Es war ein langer Weg gewesen. Zwei vereiste Baumlinien führten links und rechts von der Straße auf ein Hotel zu, das auf einem Hügel lag. Das erste Stockwerk war wie das Erwachen am Morgen. Blass,
10 sonnengesprenkelt und mit einem neugierigen Grün. Um die Fenster herum schlängelten sich junge Triebe und überall sprossen Grasbüschel, sodass man das Mauerwerk kaum sah. Hier wohnte der Frühling. Das zweite Stockwerk glühte in allen Farben des Regenbogens. Überall öffneten sich Blumen zwischen den
15 Mauersteinen, Insekten summten, und wenn man genau hinhörte, glaubte man, das Rauschen des Meeres zu hören. Hier wohnte der Sommer. Im dritten Stockwerk dagegen waren die Farben warm und melancholisch. Gelbes, braunes und rotes Laub bedeckte die Fassade, und das Licht in den Fenstern kam von Hunderten von
20 Kerzen. Hier wohnte der Herbst. Das vierte Stockwerk passte als einziges in die Winterlandschaft hinein. Es erinnerte an ein Gemälde aus vereisten Ölfarben. Blaue Schattierungen vermischten sich mit kaltem Weiß, Eisblumen reckten sich von den Fenstern weg und streckten ihre feinen Finger in Richtung der unteren Stockwerke.
25 Und wenn Ricki genauer hinsah, konnte er erkennen, dass die Eisfinger das Erdgeschoss längst erreicht hatten.

Über den farbigen Blättern des Herbstes, auf den bunten Blumen des Sommers und den zarten Grashalmen des Frühlings lag eine
30 glitzernde Eisschicht. Sie lag auch über dem Eingangsportal, so dass der Schriftzug über den Schwingtüren wie aus einem Eisblock gemeißelt schien:

**HOTEL
der vier
Jahreszeiten**

„Da wären wir", sagte der Vogel und betrat das Hotel, ohne auf den staunenden Ricki zu warten. „Und der Winter ist hier?", frag-
35 te Ricki, als er den Vogel eingeholt hatte. „Wo soll er denn sonst sein?", fragte der Vogel zurück. „Und die anderen Jahreszeiten?"
„Die schlafen."
„Schlafen?" fragte Ricki überrascht.
„Tief und fest. So ist das mit den Jahreszeiten. Wenn sie nichts zu
40 tun haben, schlafen sie."
„Oh."
Sie liefen am zweiten und dritten Stockwerk vorbei. „Und was machst du sonst so?", fragte Ricki. „Blöde Fragen beantworten", sagte der Vogel. „Das ist alles?"
45 „Das ist alles."

Sie betraten das vierte Stockwerk. „Nun", sagte der Vogel und blieb vor der Tür zur Suite des Winters stehen, „hier wohnt also der Winter. Ich werde jetzt reingehen und dich ankündigen.

Hast du eine Uhr? In genau fünf Minuten klopfst du an diese

50 Tür. Dann wirst du erfahren, ob der Winter mit dir reden will. Es kommt immer darauf an, ob er einen guten Tag hat. Hat er einen guten Tag, ist alles kein Problem. Hat er keinen guten Tag, dann hast du Pech gehabt und probierst es vielleicht nächstes Jahr noch einmal. Also, lass den Kopf nicht hängen, falls es schief gehen

55 sollte. Ich werde mein Bestes geben. Bis gleich", sagte er und verschwand in der Suite.

Ricki schaute auf seine Uhr. Fünf lange Minuten.

Er setzte sich auf den Boden und beobachtete den Sekundenzeiger. Dabei überlegte er, was genau er dem Winter eigentlich sagen sollte.

60 Ricki wollte freundlich sein, aber auch bestimmt. Er wollte sich beschweren, ohne zu übertreiben. Wenn der Winter erst hörte, was für eine Kälte überall war, dann würde er es sich zweimal überlegen, was er da eigentlich tat. Dann würde er vielleicht …

Erschrocken sah Ricki, dass die fünf Minuten längst vorüber waren.

65 „Oh nein!", rutschte es ihm raus und er kam mit einem Sprung auf die Beine und klopfte einmal an die Tür, dann zweimal, dann schnell dreimal hintereinander.

„Herein!" antwortete eine dunkle Stimme.

Zoran Drvenkar

▶ Ob Ricki den Winter in dem sonderbaren Hotel tatsächlich findet, kannst du in dem Buch „Der einzige Vogel, der die Kälte nicht fürchtet" von Zoran Drvenkar nachlesen.

Brief an die Sonne

Am letzten Tag des Jahres, als es kühl und dunkel war im Wald, schrieben die Tiere einen Brief an die Sonne. Sie hatten lange darüber nachgedacht, was sie der Sonne schreiben könnten, und suchten die vorsichtigsten Wörter aus, die sie kannten.

5 „Es ist ein Bittbrief", sagte die Ameise, „ein flehentlicher Bittbrief." Zu Hunderten warfen sie den Brief hoch, und der eisige Wind blies ihn zum Himmel, quer durch die niedrig hängenden Wolken. Zitternd saßen sie beieinander und warteten auf die Antwort und bliesen über ihre Fühler oder schlugen die Flügel

10 übereinander. Am späten Nachmittag erschien plötzlich ein kleines Loch in den Wolken. Ein Sonnenstrahl schoss herab, und an dem Sonnenstrahl rutschte ein Brief entlang. Mit großen Augen schauten die Tiere zu. Der Brief fiel auf den Boden, und die Ameise trat vor und öffnete ihn. Alle Tiere drängten sich um den Brief,

15 einer lehnte sich über die Schultern des andern, sogar über die Schulter des Igels, und lasen:

> Liebe Tiere,
> es ist gut.
> Bis bald!
> Die Sonne

Sie stießen einen Seufzer der Erleichterung aus, schauten sich an, schüttelten sich gegenseitig die Flügel, die Flossen, die Fühler und die Pfoten und wünschten sich das Allerbeste und gingen nach

20 Hause. Die meisten Tiere machten an diesem Abend noch ein paar Tanzschritte auf dem Fußboden vor ihren Betten, sangen leise: „Bis bald, bis bald ...", krochen unter ihre dicken Zudecken und schliefen ein.

Toon Tellegen

Hoffnung

Es ist ein Schnee gefallen,
hat alles Graue zugedeckt,
die Bäume nur gen Himmel nicht;
bald trinkt der Schnee das Sonnenlicht,
5   dann wird das alles blühen,
was unter unseren Bäumen jetzt
kaum Wurzeln streckt.

Richard Dehmel

Frühling

Hoch oben von dem Eichenast
Eine bunte Meise läutet
Ein frohes Lied, ein helles Lied,
5   Ich weiß auch, was es bedeutet.
Es schmilzt der Schnee, es kommt das Gras,
Die Blumen werden blühen.
Es wird die ganze weite Welt
In Frühlingsfarben glühen.
10   Die Meise läutet den Frühling ein,
Ich hab' es schon lange vernommen.
Er ist zu mir bei Eis und Schnee
Mit Singen und Klingen gekommen.

Hermann Löns

Frohe Festtage

Wenn zu Weihnachten die Weihnachtsmänner
umgepresste Osterhasen sind;
dann sind Ostern die Osterhasen
umgepresste Weihnachtsmännerosterhasen
5 und in Wirklichkeit Weihnachten
die Weihnachtsmännerosterhasenweihnachtsmänner
umgepresste
Osterhasenweihnachtsmännerosterhasenweihnachtsmänner.

Hubert Fichte

Wenn die weißen Riesenhasen
abends übern Rasen rasen
und die goldnen Flügelkröten
5 still in ihren Beeten beten,
wenn die schwarzen Buddelraben
tief in ihren Graben graben
und die feisten Felsenquallen
kichernd in die Fallen fallen –
10 dann schreibt man wie jedes Jahr
den einundneunzigsten Januar.
Was? Ihr kennt ihn nicht, den Tag?
Schaut mal im Kalender nach!

Robert Gernhardt

Hasenfärben

Es malen vier Hasen zur Osterfeier
wie jedes Jahr brav Ostereier.
Zunächst beginnt man recht geschwind,
doch als sechs Eier fertig sind,
5 da macht der Erste sich den Spaß
und taucht ein Ohr ins Farbenglas.

„Wie siehst du aus!", die andern schrei'n.
„Ein rotes Ohr! Du bist ein Schwein!"
Was unser'n Hasen wenig stört.
10 Im Gegenteil, was tut er? Hört:
Er streicht mit roter Farbe auch
sich seinen weichen Hasenbauch.

Und nun, auf einmal, sind die drei
gleichfalls für Hasenfärberei.
15 Der zweite fasst ein Herz sich schnell,
bedeckt mit Schwarz sein ganzes Fell,
der dritte Hase wird schön bunt,
er tupft Orange auf gelben Grund.

Der vierte malt sich blaue Streifen
20 und dreht die Ohren schick zu Schleifen.
Er singt ein Lied aus vollem Hals.
Die ander'n singen ebenfalls
und tanzen stundenlang im Kreis –
die meisten Eier bleiben weiß!

Rüdiger Urbanek

Das Eis bricht

Noch bedeckte eine Eisschicht den Fjord, doch ein warmer Frühlingswind wehte schon. Niemand wagte sich mehr auf das Eis. Nur Tine, Leif und Knut waren mit ihrem Tretschlitten zum Eisfischen hinausgefahren. Jetzt waren sie auf dem Rückweg.

5 „Wir müssen vorankommen", sagte Tine. „Ich glaube, der Wind wird stärker. Landwind. Das Eis kann aufgehen." Sie blickte sich beunruhigt um. „Nur noch ein paar hundert Meter", schnaufte Leif. Im Eis ertönte ein dumpfer Knall. Tine und Leif traten, so sehr sie konnten. Schub um Schub näherten sie sich der Anlegebrücke
10 und den Häusern. Mit ihren Blicken klammerten sie sich ans Ufer. Dorthin wollten sie, dorthin mussten sie!

Aber da geschah etwas. Sie verstanden zuerst nicht. Bemerkten nur, dass die Uferfelsen und die Häuser nicht mehr größer wurden. Egal, wie sehr sie sich anstrengten. Knut entdeckte einen schmalen,
15 dunklen Streifen am Ufer. Da begriff er, was er sah. Begriff, warum Häuser und Felsen dort vorne nicht größer wurden. „Wir treiben ab! Das Eis löst sich vom Land", schrie er und reckte sich auf seinem Sitz, um sich umzusehen. „Da!", deutete er. „Wir können Langholmen erreichen! Fahrt dort hinüber. An dieser Seite ist das
20 Eis noch nicht losgerissen. Außerdem liegt es im Windschatten", rief er, während sie die Richtung änderten.

Es knackte im Eis. Sie glitten dahin. Noch nie waren sie so schnell gewesen. Der wacklige Steg, der Langholmen mit dem Land verband, war alles, was sie
25 im Auge hatten. Sie mussten dorthin kommen. Sie mussten!

„Wir schaffen es!", rief Knut, der halb von seinem Sitz aufgestanden war und vor Aufregung mitwippte. Jeder Schub war wie eine Welle, die sie weiter dem Land zutrieb. Dann erstarrte er. Riss den Mund

30 auf. Ein Windstoß fuhr ihm ins Gesicht. Er brachte kein Wort heraus. Als wäre er gelähmt. Der Schlitten wurde langsamer. Blieb stehen. Das Eis hatte sich auch von Langholmen gelöst.

Ein eisiger Wind fegte auf sie zu. Erneut ging ein Knall durch das Eis. Fuhr wie ein Blitz über die Eisfläche. „Hilfe! Das Eis geht

35 auf! Hilfe!" Sie schrien alle drei auf. „Hilfe, wir treiben vom Land ab! Hilfe!" Sie weinten. Sie sprangen auf und fuchtelten mit den Armen. Sie trieben nicht schnell. Aber sie trieben aufs Meer hinaus. Der Wind kam in kalten Böen. „Schaut denn niemand aus dem Fenster?", weinte Tine. „Sie schicken uns sicher bald ein Boot",

40 schluchzte Leif.

Langsam verschwand ein Haus nach dem anderen wieder hinter der Bergkuppe. Knut setzte sich stumm und bleich auf den Schlitten. Er sah die winterfest eingepackten Boote am Strand. Aber keine Menschenseele. Er sah den Schein der gelben Abendlichter

45 in den Fenstern. Knut saß wie festgefroren und starrte auf das Unfassbare.

Steinar Sörlle

Steinar Sörlle
Die Nacht, als keiner schlief

▶ Ob die Kinder gerettet werden, erfährst du in dem Buch „Die Nacht, als keiner schlief" von Steinar Sörlle.

Der offene Kühlschrank

Ein Mann suchte einmal in seinem Kühlschrank einen Himbeer-Jogurt, aber er fand keinen. Enttäuscht ging er zur Küche hinaus und vergaß dabei, den Kühlschrank zu schließen. Sosehr der Kühlschrank auch kühlte, in seinem Innern wurde es immer wärmer, und nach
5 einer Weile lief ein kleines Bächlein unten aus ihm heraus.

„Das ist ja nicht auszuhalten!", stöhnten die Haselnuss-Jogurts. „Ist das ein Kühlschrank oder ein Kachelofen?", giftelten die Schweinswürstchen. „Wie soll man hier noch frisch bleiben?", ächzte ein Emmentaler Käse, der schon aus allen Löchern tropfte.
10 „Mir reicht' s", sagte ein Jogurt nature, „ich gehe!" „Wohin denn?", fragten die Würstchen. „In die Natur", sagte der Jogurt nature. „Ich komme mit!", rief ein Bio-Krachsalat. „Wir auch!", riefen die Haselnuss-Jogurts, die Schweinswürstchen, der Emmentaler Käse. Die Butter und die zwei Milchpackungen, und auch die
15 Eier und die Tomaten nickten entschlossen. Ein Bier, das vor Wut schäumte, schloss sich ebenfalls an, nur die Essiggurken, die Silberzwiebelchen und die Oliven blieben in ihren Gläsern und glotzten den andern blöd und träge nach. „Kameraden!", rief da der Jogurt, „wir verlassen dieses Haus!", und sie erhoben sich und
20 gingen alle zusammen das Treppenhaus hinunter zur Tür hinaus und standen nun auf der Straße.

Da es Sommer war, schlug ihnen eine große Hitze entgegen. „Es ist heißer als in einer Kuh", sagte eine Milchpackung zur andern. „Ich schwitze", sagte der Krachsalat laut. „Ich schmelze", sagte

25 die Butter leise. „Uns wird ganz schwabblig", sagten die Eier, die Tomaten liefen rot an, und das Bier schäumte stumm vor sich hin. „Gut", sagte der Jogurt nature, „dann halt zurück in den Kühlschrank."

Aber hinter ihnen war die Haustür ins Schloss gefallen, und da 30 standen sie und wussten nicht ein noch aus. In dem Moment kam der Mann zurück, der sich im Milchladen ein paar Himbeer-Jogurts gekauft hatte, und traf fast den ganzen Inhalt seines Kühlschranks vor der Haustür an. „Was macht ihr denn da?", fragte er erstaunt. „Ein bisschen frische Luft schnappen", hüstelte der Jogurt nature. 35 „Wird ja wohl noch erlaubt sein", sagten die Schweinswürstchen frech, und die andern schauten verlegen zu Boden. „Na dann", sagte der Mann, packte die Jogurts, den Emmentaler, die Würstchen, die Eier, die Tomaten, den Krachsalat, die Butter, die Milch und das Bier in seine Tasche, trug sie hinauf, stellte sie eins nach dem 40 andern in den Eisschrank und schloss die Tür, und bald strömten wieder herrlich kühle Luftzüge um unsere Abenteurer. Die Butter atmete auf, die Würstchen schauten wieder frisch aus der Packung, und der Emmentaler Käse strahlte aus allen Löchern. „So, war's schön in der Natur?", stichelten die Essiggurken und die Oliven, 45 und die Silberzwiebelchen kicherten dümmlich dazu. Da riefen die Jogurts, der Käse, die Würstchen, die Tomaten, die Eier, der Krachsalat, die Butter, die Milchpackungen und das Bier wie aus einem Munde: „Jaaaa!" Und alle erzählten noch so lange von dem Treppenhaus und der Hitze vor der Haustür, bis sie gegessen oder 50 getrunken wurden.

Franz Hohler

Juli

„Ich mag nicht in die Ferien fahren."

„Warum nicht?"

„Weil ich nicht mag."

„Wir werden baden, lesen, fischen. In der Nähe des Dorfes soll eine
ruhige Bucht sein mit tiefblauem Wasser. Abends trinken wir Cola
mit Eis und schauen den Fischern zu, die ihre Netze flicken."

„Das hast du letztes Jahr auch gesagt. Und dann kam es ganz
anders. Es fing damit an, dass du die Pässe vergessen hattest. Wir
mussten noch einmal zurück. Dann ist mir vom Autofahren übel
geworden, weißt du noch? Dann hatte ich einen Sonnenbrand und
konnte nachts nicht mehr schlafen. Dann hatte ich Durchfall. Und
du hattest Kopfweh. Zudem war alles auch noch sündhaft teuer."

„Es sind ja bloß zwei Wochen."

„Haben wir nach den Ferien noch Zeit, den Kaninchenstall fertig
zu bauen?"

„Ja, ich denke schon."

„Gut. Dann komme ich mit. Ich kann mich dann unterwegs
darauf freuen."

Jürg Schubiger

Kofferpacken

Vergiss nicht dies, vergiss nicht das!
Kofferpacken, das macht Spaß.
Und ist der Koffer noch so klein,
es passt dieses und jenes und vieles hinein.

5   Briefpapier und Badehose,
warme Socken und ein Kamm,
Handtuch, Bleistift, Cremedose,
Regenmantel, Badeschwamm.

Schlafanzug und Wasserball,
10   Liederbuch und Kartenspiel,
mein Segelschiff auf jeden Fall!
Flöte, Fernrohr und noch viel.

Klebestreifen, lange Schnur,
fehlt noch was zum Glück?
15   Falls er platzt, denk ich mir nur –
ich komm ja bald zurück.

Dorothée Kreusch-Jacob

Anhang

Texte für besondere Leseübungen

Quellennachweis

Aiken, Joan: *Der Ofendrache* (Originaltitel: Prinz Koriander und die Trolle aus der Tiefkühltruhe, bearb., gek.), übersetzt von Michaela Link, Diogenes: Zürich 1998. (S. 61)

Auer, Martin: *Herr Balaban erzählt* aus: Herr Balaban und seine Tochter Selda, Weinheim und Basel: Verlag Beltz und Gelberg 2002. (S. 173)

Barth, Ursula: *Ein Brief aus Athen* aus: Bausteine Lesebuch 4, Verlag Moritz Diesterweg: Frankfurt am Main 2003. (S. 9)

Berger, Ulrike: *Schnell, schneller, am schnellsten* aus: Warum laufen Läufer links herum? Velber Verlag: Freiburg, 2008. (S. 26)

Berner, Rotraut Susanne: *Winterrätsel* aus: Apfel, Nuss und Schneeballschlacht, Gerstenberg Verlag: Hildesheim 2001. (S. 214)

Bley, Anette: *Ich wünsche mir einen Freund* (Originaltitel: Ein Freund, gek.), Ravensburger Buchverlag: Ravensburg 2008. (S. 79)

Boie, Kirsten: *Lena hat nur Fußball im Kopf* (bearb.), Friedrich Oetinger: Hamburg 2002. (S. 20)

Bortlik, Wolfgang: *Elfmeter* aus: Am Ball ist immer der Erste, Limmat Verlag: Zürich 2006. (S. 31)

Brecht, Bertolt: *Reich und arm* (bearb.) aus: Herr Puntila und sein Knecht Matti, in: Gesammelte Werke, Stücke 4, Suhrkamp: Frankfurt Main 1967. (S. 194)

Colfer, Eoin: *Benny und Omar* (bearb.), übersetzt von Ute Mihr, Beltz Verlag: Weinheim und Basel 2001. (S. 28); *Fahrrad für zwei* (gek.) aus: Tim und das Geheimnis von Captain Crow, Beltz und Gelberg, Weinheim und Basel 2006 (S. 182); *Tim und das Geheimnis von Knolle Murphy* (gek.), Beltz und Gelberg: Weinheim und Basel 2008 (S. 75)

Dehmel, Richard: *Hoffnung* aus: Gudrun Bull (Hg.): Gedichte für einen Wintertag, dtv: München 2008. (S. 219)

DiTerlizzi, Tony und Holly Black: *Der Basilisk, Der Phönix* (bearb., gek.) aus: Arthur Spiderwicks Handbuch für die fantastische Welt um dich herum, übersetzt von Anne Brauner, Cbj: München 2006. (S. 52)

Dommel, Olga-Luise: *Das Fahrrad – wer hat es erfunden?* aus: br-kinderinsel 2008. (S. 178)

Drvenkar, Zoran: *Das Hotel der vier Jahreszeiten* (gek.) aus: Der einzige Vogel, der die Kälte nicht fürchtet, Carlsen Verlag: Hamburg 2001 (S. 215); *Opas Geschenk* (bearb.), aus: Wenn die Kugel zur Sonne wird, Altberliner: Leipzig, München 2006. (S. 32)

Drvenkar, Zoran und Gregor Tessnow: *Niemand so stark wie wir* (bearb.), Rowohlt Taschenbuch: Reinbek bei Hamburg 1996. (S. 24)

Eich, Günter: *Japanischer Holzschnitt* aus: Botschaften des Regens, Suhrkamp: Frankfurt Main 1963. (S. 152)

Eichendorff, Joseph von: *Wünschelrute* aus: Hans A. Neunzig (Hg.): Joseph von Eichendorff, Ausgewählte Werke, Bd. 1, Nymphenburger Verlagsbuchhandlung: München 1987. (S. 67)

Ende, Michael und Jindra Capek: *Feen-Sprechstunde* (Originaltitel: Lenchens Geheimnis, bearb., gek.) Thienemann: Stuttgart u.a. 1991. (S. 54)

Ende, Michael: *Das Buch* (gek.) aus: Die unendliche Geschichte, Thienemann: Stuttgart 1979. (S. 65)

Erhardt, Heinz: *Die gebildete Katze* aus: Ein Nasshorn und ein Trockenhorn, Lappan Verlag: Oldenburg 2009 (S. 170); *Fußball* aus: Ein Nasshorn und ein Trockenhorn, Lappan Verlag: Oldenburg 2009. (S. 27)

Erler, Isabelle: *Regenwald in Gefahr* (bearb.,gek.) aus: Urwald, Carlsen Verlag: Hamburg 2005. (S. 140)

Fichte, Hubert: *Frohe Festtage* aus: Rotraut Susanne Berner (Hg.): Apfel, Nuss und Schneeballschlacht, Gerstenberg Verlag: Hildesheim 2001. (S. 220)

Fontane, Theodor: *Herr Ribbeck auf Ribbeck im Havelland* aus: Sämtliche Werke, Bd. 20, Nymphenburger Verlagsbuchhandlung: München 2001. (S. 206)

Franz, Cornelia: *Das Geheimnis des Roten Ritters* (gek.), dtv-tigerauge: München 2008. (S. 119)

Frattini, Stéphane: *Der Schimpanse* (gek.), übersetzt von Anne Brauner, Esslinger: Esslingen 2007. (S. 142)

Fuchs, Michael: *Die Fahrradprüfung* aus: Paul der Superheld, Kinderbuchverlag Wolff: Bad Soden 2006. (S. 180)

Fühmann, Franz: *Am Schneesee* aus: Die dampfenden Hälse der Pferde im Turm von Babel, Der Kinderbuchverlag: Berlin 1978. (S. 56)

Funke, Cornelia: *Der Bücherarzt* (gek., bearb.) aus: Tintenherz: Cecilie Dressler Verlag: Hamburg 2003 (S. 71); *Der geheimnisvolle Ritter Namenlos* (bearb.), Fischer: Frankfurt am Main 2001. (S. 116); *Eine unerwartete Begegnung* (gek.) aus: Kein Keks für Kobolde, Fischer Taschenbuch Verlag: Frankfurt am

Main 2009 (S. 58); *Feuer und Sterne* (bearb.) aus: Tintenherz, Cecilie Dressler Verlag: Hamburg, 2003 (S. 36); *Das Tröstepicknick* (Originaltitel: Die Wilden Hühner auf Klassenfahrt, gek., bearb.), Cecilie Dressler Verlag: Hamburg 2008. (S. 86)

Gernhard, Robert: *Wenn die Riesenhasen* aus: Maria Rutenfranz (Hg.): Das große junior-Hasenfest, dtv: München 1999. (S. 220)

Goethe, Johann Wolfgang: *Gesang der Elfen* aus: Goethes Briefe an Frau von Stein, Brief vom 15.10.1780, J. G. Cotta Nachf: 1890. (S. 47)

Golluch, Norbert und Dorothea Tust: *Berufe bei Film und Fernsehen* (Originaltitel: Wer macht was bei Radio und Fernsehen?), Annette Betz: Wien, München 2005. (S. 96)

Goodall, Jane: *Interview* (bearb.,gek.) aus: Spiegel Online Wissenschaft, Autor: Dominik Baur. (S. 141)

Große-Oetringhaus, Hans-Martin: *Makoko und der Elefant* (bearb., gek.) aus: Makokos Abenteuer in Kenia, Jugenddreust-Verlag: Wuppertal 1982. (S. 138)

Guggenmos, Josef: *Fadenspiele – ohne abzusetzen* (bearb.) und *Förster Franz und die Füchse* aus: Oh, Verzeihung sagte die Ameise, Beltz und Gelberg: Weinheim und Basel 1990 (S. 156, S. 189)

Günther, Herbert: *Großmaul und Edelkotz* (Originaltitel: Ein unmöglicher Freund, gek., bearb.), Boje: Köln 2008. (S. 82)

Güll, Friedrich: *Nebel* aus: Die schönsten Kindergedichte, Aufbau-Verlag: Berlin 2003. (S. 210)

Hagen, Hans und Monique: *Kleine Pfeile* aus: Wie sehr ich dich mag, übertragen von Christine Nöstlinger, Verlag Friedrich Oetinger: Hamburg 2000. (S. 210)

Harranth, Wolf: *Feuer* aus: Mein Bilderbuch von Erde, Wasser, Luft und Feuer, Ravensburger: Ravensburg 1990. (S. 35)

Hebel, Johann Peter: *Kannitverstan* (bearb.) aus dem Schatzkästlein des rheinischen Hausfreundes. Europäische Bildungsgemeinschaft Verlags-GmbH: Stuttgart. (S. 14)

Herzog, Annette und Katrine Clante: *Flieger am Himmel* (gek.), Peter Hammer Verlag 2009. (S. 132)

Hohler, Franz: *Der offene Kühlschrank* (bearb.) aus: Die Spaghettifrau, Ravensburger: Ravensburg 1999. (S. 224); *Die kranken Schwestern* (bearb.) aus: Der Granitblock im Kino, Luchterhand: Darmstadt und Neuwied 1981 (S. 168); *Die Kreide und der Schwamm* aus: Das Große Buch, Carl Hanser Verlag: München 2009 (S. 194); *Weihnachten – wie es wirklich war* (gek.) aus: Der Riese und die Erdbeerkonfitüre und andere

Geschichten, dtv: München 2000. (S. 212)

Jandl, Ernst: *antipoden* aus: Der künstliche Baum, Hermann Luchterhand Verlag: Neuwied und Berlin 1972. (S. 196)

Janisch, Heinz: *Der König und das Bild* aus: Der König und das Meer, Sanssouci im Carl Hanser Verlag: München 2008. (S. 152)

Jianghong, Chen: *Der Tigerprinz* (gek.), übersetzt von Erika und Karl A. Klewer, Moritz Verlag: Frankfurt am Main 2005. (S. 146)

Kaléko, Mascha: *Der Winter* aus: Die paar leuchtenden Jahre, © 2003 Deutscher Taschenbuch Verlag

Kästner, Erich: *Don Quichotte* (gek.) Cecilie Dressler: Hamburg 1956. (S. 107)

Kern, Ludwig Jerzy: *Der Ball* aus: H. Baumann (Hg.): Ein Reigen um die Welt, Sigbert Mohn: Gütersloh 1965. (S. 19)

Kreusch-Jacob, Dorothée: *Kofferpacken* aus: Christine Knödler (Hg.): Geschichtenkoffer für Schatzsucher, Boje Verlag: Köln 2006. (S. 227)

Krüss, James: *Das Feuer* aus: Der wohltemperierte Leierkasten, Bertelsmann: München 1997. (S. 45)

Kunert, Günter: *Auf der Schwelle* (bearb.) aus: Erinnerung an einen Planeten, Hanser: München 1963 (S. 203)

Lemieux, Michèle: *Tausend Fragen* (gek.), aus: Gewitternacht, Beltz Verlag: Weinheim und Basel 1996. (S. 191)

Lessing, Gotthold Ephraim: *Die drei Ringe* (gek.) aus: Nathan der Weise, Reclam: Ditzingen 2000. (S. 198)

Lind, Åsa: *Zackarina und der Sandwolf* (Originaltitel: Alles von Zackarina und dem Sandwolf, gek.) Beltz und Gelberg: Weinheim und Basel 2008. (S. 68)

Linde, Gunnel: *Der weiße Stein* (gek., bearb.), Gerstenberg bei dtv junior: München 2007. (S. 88)

Lindgren, Astrid: *Der Mann in der schwarzen Pelerine* (bearb.) aus: Oetinger Almanach 1969, Oetinger: Hamburg 1970 (S. 66); *Mios Kampf gegen Ritter Kato* aus: Mio, mein Mio (gek.), Verlag Friedrich Oetinger: Hamburg 1955. (S. 123)

Löns, Hermann: *Frühling* aus: Hermann Löns: Sämtliche Werke, Band 1, Leipzig 1924. (S. 219)

Lukesch, Angelika: Die Sage von König Artus aus: Artus und Excalibur (gek., bearb.). Esslinger Verlag, Esslingen 1995. (S. 108)

Maar, Paul, *Die Schildbürger gehen baden* (Originaltitel: Die Schildbürger gehen baden, bearb.), aus: Paul Maar (Hg.): Östlich der Sonne und westlich vom Mond, Aufbau Verlag: Berlin 2006 (S. 174); Eine gemütliche Wohnung aus: Hans-Joachim Gelberg, Eines Tages. Geschichten von überall her, Beltz und Gelberg: Weinheim und Basel: 2002. (S. 166)

Mankell, Henning: *Munkel* (Originaltitel: Ein Kater schwarz wie die Nacht, gek., bearb.), Oetinger Verlag: Hamburg 2000. (S. 80)

Morgenstern, Christian: *Das große Lalula* (bearb.) aus: Alle Galgenlieder, Insel: Frankfurt Main 1971 (S. 16); *Das treue Rad* aus: Gedichte-Verse-Sprüche, Lechner: Limassol 1993 (S. 177); *Fisches Nachtgesang* aus: Gesammelte Werke, R. Piper & Co.: München 2001. (S. 17)

Nesbit, Edith: *Die geheimnisvolle Höhle* (Originaltitel: Die gelbe Drachenfrau, bearb.), aus: Der allerletzte Drache, übersetzt von Barbara Teutsch, Anrich Verlag: Kevelaer 1984. (S. 50)

Neugebauer, Charise: *Halloween-Nacht* (gek.), übersetzt von Bruno Hächler, Michael Neugebauer Verlag: Gossau u.a. 2002. (S. 208)

Neumayer, Gabi: *Wie wird ein Fußball hergestellt?* (bearb.), aus: Frag doch mal die Maus, Band Fußball, cbj, Random House: München 2008. (S. 22)

Petri, Walther: *Alle Wörter* aus: Hans Joachim Gelberg (Hg.): Großer Ozean, Beltz und Gelberg Verlag : Weinheim und Basel 2000. (S. 7)

Plöger, Juliane: *Glücksfälle* aus: Christine Knödler (Hg.): Geschichtenkoffer für Glückskinder, Boje-Verlag: Köln 2007. (S. 154)

Pressler, Miriam: *Manchmal, wenn der Morgen graut* aus: Julian Jusim: Kopfunter, Kopfüber, Carl Hanser Verlag: München 1999. (S. 155)

Rassmus, Jens: *Nur ein Traum?* (Originaltitel: Das kranke Kaninchen, gek.) aus: Der karierte Käfer, 14 3/3 Geschichten, Residenzverlag 2007. (S. 169)

Röhrig, Tilman: *Vom Ausbruch des Vesuv, Pompeji – die versunkene Stadt* (bearb.) aus: Tilman Röhrig erzählt vom Ausbruch des Vesuv, Verlag Friedrich Oetinger: Hamburg 1991. (S. 38, S. 40)

Rowling, Joanne K.: *Der Troll* aus: Harry Potter und der Stein der Weisen, übersetzt von Klaus Fritz, Carlsen: Hamburg 1998. (S. 57)

S., Svend, Otto: *Am Jangtsekiang*, Verlag Friedrich Oetinger: Hamburg 1983. (S. 133)

Schemm, Jürgen von: *Hier ist ja fast alles gelb* (Originaltitel: Tiere begegnen sich, bearb.), aus: Paul Klee, Bilder träumen, Prestel: München, New York 1996. (S. 149)

Schiller, Friedrich von: *Der Handschuh* aus: Goedecke, Karl (Hg.): Schillers sämtliche Schriften. Historisch kritische Ausgabe 1871 (S. 113)

Schlüter, Andreas: *Webcam-Party* (Originaltitel: Die verräterische Datenspur, gek.), Arena Verlag: Würzburg 2007. (S. 104)

Schlüter, Manfred: *Unglaublich!* aus: Christine Knödler (Hg.): Geschichtenkoffer für

Schatzsucher, Boje Verlag: Köln 2006. (S. 90)

Schmid, Sophie: *Feenzauber und Schweineglück* (bearb., gek.), Altberliner: Leipzig u.a. 2006. (S. 48)

Scholz, Gerold, *Wie man im Mittelalter aß* (Originaltitel: Alltag im Mittelalter, gek.), aus: Die Grundschlzeitschrift, Friedrich Velber: Seelze 1991. (S. 110)

Schroeter, Ursula: *Dschungelbegegnung* (bearb.), aus: Bühne frei, Theaterstücke für die Grundschule, Verlag Kempen: Kempen, 2003. (S. 144)

Schubiger, Jürg: *Das Ausland* (gek.) und Juli, Peter Hammer: Wuppertal 2003. (S. 195, S. 226)

Schulz, Jo: *Vom Nutzen des Purzelbaumschlagens* aus: Was sieht die Ringeltaube?, Der Kinderbuchverlag: Berlin 1978. (S. 197)

Silverstein, Shel: *Betrachtung* aus: Ein Licht unterm Dach, übersetzt von Harry Rowohlt, Middelhauve Verlag: Köln 1988. (S. 197); *Mein Riese und ich* (gek.) aus: Christiane Schneider, Sabine von Bülow (Hg.): Von Riesen und Däumlingen, Middelhauve: München 1999. (S. 60)

Skarmeta, Antonio: *Der Aufsatz*, Dressler: Hamburg 2003. (S. 200)

Slabbynck, Peter: *Das Trikot mit den Punkten* (gek.), Gerstenberg Verlag: Hildesheim 2000. (S. 186)

Sörlle, Steinar: *Das Eis bricht* (bearb.) aus: Die Nacht, als keiner schlief, übersetzt von Lothar Schneider, Nagel & Kimsche: Zürich, Frauenfeld 1988. (S. 222)

Stahl, Karoline: *Die vier Brüder* aus: Fabeln, Mährchen und Erzählungen für Kinder. Erstdruck: 1818, veröffentlicht in der Zenodot Verlagsgesellschaft: Berlin 2007. (S. 205)

Steig, William: *Gelb und Rosa*, übersetzt von Edmund Jacoby, Gerstenberg Verlag: Hildesheim 2000. (S. 192)

Steinhöfel, Andreas: *Also echt!* (Originaltitel: Rico, Oskar und die Tieferschatten, gek., bearb.), Carlsen: Hamburg 2008 (S. 91); *Kein gewöhnlicher Geburtstag* (Originaltitel: Dirk und ich, gek., bearb.), Carlsen: Hamburg 2008. (S. 84)

Storm, Theodor: *Vom Himmel aus: Gudrun Bull* (Hg.): Gedichte für einen Wintertag, dtv: München 2008. (S. 211)

Tellegen, Toon: *Brief an die Sonne* aus: Rotraut Susanne Berner (Hg.): Apfel, Nuss und Schneeballschlacht, Gerstenberg Verlag: Hildesheim 2001 (S. 218); *Josefs Vater*, dtv Reihe Hanser: München 1994. (S. 42)

Topsch, Wilhelm: *Ferienbekanntschaften* (bearb.) aus: Guten Tag, wie geht es euch? Schroedel: Hannover. (S. 8)

Urbanek, Rüdiger: *Hasenfärben* aus: B. Künzel und W. Lugert (Hg.): Kolibri, Das Liederbuch für die Grundschule, Schroedel: Hannover 2002. (S. 221)

Velthus, Max: *Herr K malt sein Meisterwerk* (Originaltitel: Krokodil malt sein Meisterwerk, bearb.), Lentz Verlag: München 1991. (S. 150)

Vogelweide, Walther von: *Ich saz ûf eime steine* aus: A. Bergmann und H. Konrad: Lebensgut, ein deutsches Lesebuch für höhere Schulen, Verlag Moritz Diesterweg: Frankfurt am Main 1960. (S. 112)

Zick, Tobias: *Tierische Filmstars* aus: P.M. – Willi will's wissen, Heft 05/2007, Seite 10–13. (S. 99)

Unbekannte Verfasser/-innen

Abzählreime aus: Die Grundschulzeitschrift 43/1991, Friedrich Verlag: Seelze; englischer Abzählreim: Deutschbuch 5, Cornelsen Verlag 2006. (S. 125)

Schule in anderen Ländern aus: Meine Schule, Dorling Kindersley Verlag: München 2008; Australien: www.australien-info. de/school-of-the-air. (S. 128)

Selten so gelacht (Witze) aus: Das coole Kinder Lach Buch, Marixverlag 2006 [1]; 1000 Sachen zum Lachen, Bindlach: Loewe Verlag 1995 [2]; Neue böse Witze, Hanser bei dtv, München 2006 [3] (S. 172)

Sotto le frasche; How much wood aus: Das Sprachbastelbuch. Wien 1975. (S. 11)

Tannhäusers Hofzucht (gek.) aus: Pleticha, Heinrich: Ritter, Burgen und Turniere, Arena: Würzburg 1961.(S. 111)

Originalbeiträge

Buck, Gisela: *Zwei Bilder* aus: Bausteine Lesebuch 4, Bildungshaus Schulbuchverlage: Braunschweig 2005. (S. 15)

Buck, Siegfried: *Das Feuer des Prometheus* aus: Bausteine Lesebuch 4, Bildungshaus Schulbuchverlage: Braunschweig 2005. (S. 44); *Feste in aller Welt* aus: Bausteine Lesebuch 3, Bildungshaus Schulbuchverlage: Braunschweig 2005. (S. 126)

Colfer, Eoin: *Autorenvorstellung* (S. 74)

Daubert, Hannelore: *Vom Bildzeichen zum E-Book, E-Mail aus Ägypten* (S. 130), *ZIP-ZAP Circus School* (S. 131)

Emminger, Felix E.: *Sprechen mit Händen und Füßen* aus: Bausteine Lesebuch 4, Verlag Moritz Diesterweg: Frankfurt am Main 2003. (S. 12)

Ferber, Michelle: *Der brodelnde Vulkan* (S. 41)

Funke, Cornelia: *Tintenherz – Vom Buch zum Film* (S. 102)

Krull, Susan: *Wie entstehen die Fernseh-Nachrichten?* (S. 98), *Daumenkino* (S. 103), *Entstehung und Bedeutung der Wappen* (S. 118), *Berufe rund ums Fahrrad* (S. 184)

Messelken, Ingrid: *Eine Murmel – viele Wörter* (S. 10), *Bisonjagd* (S. 160), *Die Steinzeithöhle von Lascaux* (S. 161)

Sievert, Regina: *Stars* (S. 95), *Im Urwald* (S. 137), *Schmunzeln, kichern, ganz breit grinsen* (S. 165)

Bildnachweis

S. 6/7 Franz Wilhelm Seiwert, Diskussion © Reni Hansen - ARTOTHEK

S. 18 Untitled, 1988 © Keith Haring Foundation. Used by permission.

S. 21 Cover: Kirsten Boie, Lena hat nur Fußball im Kopf © Verlag Friedrich Oetinger, Hamburg

S. 23 Gabi Neumayer, Frag doch mal die Maus. Band Fußball. Cbj, Random House, München

S. 31 aus: Jean-Jacques Sempé, Wie sag ich's meinen Kindern? Diogenes Verlag, Zürich

S. 33 Cover: Zoran Drvenkar / Georg Tessnow, Wenn die Kugel zur Sonne wird. Altberliner Verlag, Leipzig / München

S. 34 Klee, Paul, 1922, 39 Rosenwind © VG-Bild-Kunst, Bonn 2010. akg-images

S. 37 Cover: Cornelia Funke, Tintenherz © Cecilie Dressler Verlag, Hamburg

S. 40 picture-alliance / ZB

S. 42 Cover: Toon Tellegen, Josefs Vater, dtv Reihe Hanser, München

S. 43 aus: e.o. plauen „Vater und Sohn" in Gesamtausgabe Erich Ohser © Südverlag GmbH, Konstanz, 2000

S. 44 Lakonische Schale © 1990 Photo Scala, Florenz

S. 46 Florence Harrison, Fairies Amoungst the Trees

S. 53 Cover: Arthur Spiderwicks Handbuch für die fantastische Welt um dich herum. Mit Sorgfalt wiederhergestellt und kommentiert von Tony DiTerlizzi und Holly Black. Cbj, München

S. 55 Cover: Michael Ende, Lenchens Geheimnis, mit Illustrationen von Jindra Čapek © 1991 by Thienemann Verlag (Thienemann Verlag GmbH), Stuttgart - Wien

S. 57 Cover: Joanne K. Rowling, Harry Potter und der Stein der Weisen © Carlsen Verlag GmbH, Hamburg 1998

S. 59 Cover: Cornelia Funke, Kein Keks für Kobolde, Fischer Tb Januar 2009, 13. Auflage 1994

S. 64 Juan Gris, The Red Book, Steve Art Gallery AB

S. 69 Cover: Åsa Lind / Philip Waechter, Alles von Zackarina und dem Sandwolf © 2008 Beltz & Gelberg in der Verlagsgruppe Beltz, Weinheim & Basel

S. 70 picture-alliance / dpa (o.), Cover: Cornelia Funke, Herr der Diebe, Tintenherz Drachenreiter, Die wilden Hühner Bd. 1 © Cecilie Dressler Verlag, Hamburg

S. 74 Geraint Lewis / Alamy (o.), Cover: Eoin Colfer, Tim und das Geheimnis von Knolle Murphy © 2006 Beltz & Gelberg in der Verlagsgruppe Beltz, Weinheim & Basel, Eoin Colfer, Tim und das Geheimnis von Captain Crow © 2006 Beltz & Gelberg in der Verlagsgruppe Beltz, Weinheim & Basel, Eoin Colfer, Tim und der schrecklichste Bruder der Welt © 2007 Beltz & Gelberg in der Verlagsgruppe Beltz, Weinheim & Basel

S. 77 Eoin Colfer, Tim und das Geheimnis von Knolle Murphy © 2005 Beltz & Gelberg in der Verlagsgruppe Beltz, Weinheim & Basel

S. 78 © Georg Baselitz, Vier Hände 1984. Die Aufnahme der Vorlage ist von: Frank Oleski, Köln. Das Werk selbst befindet sich in einer Züricher Privatsammlung.

S. 81 Cover: Henning Mankell, Ein Kater schwarz wie die Nacht © Verlag Friedrich Oetinger, Hamburg

S. 87 Cover: Cornelia Funke, Die wilden Hühner auf Klassenfahrt. Mit Illustrationen der Autorin. © Cecilie Dressler Verlag, Hamburg

S. 89 Cover: Gunnel Linde, Der weiße Stein, Gerstenberg bei dtv junior, München

S. 92 Cover: Andreas Steinhöfel, Rico, Oskar und die Tieferschatten © Carlsen Verlag GmbH, Hamburg 2008

S. 94 Private Collection / Alinari / The Bridgeman Art Library

S. 96 picture-alliance / SCHROEWIG / CS (o.), REX FEATURES LTD / action press (u.)

S. 97 COLLECTION, INC. / picturepress (o.), Disney / Cinetext (u.)

S. 99 defd Deutscher Fernsehdienst

S. 100 Cinetext / Haeselich (o.), Renates Filmtierranch in Wang, www.filmtierranch.de (u.)

S. 101 Cinetext Bildarchiv (o.l.), defd Deutscher Fernsehdienst (o.r.), Renates Filmtierranch in Wang, www.filmtierranch.de (u.)

S. 102 Bros. / Cinetext

S. 106 akg-images

S. 112 akg-images

S. 121 Cover: Cornelia Franz, Das Geheimnis des Roten Ritters, dtv-tigerauge, München

S. 123 Cover: Astrid Lindgren, Mio mein Mio © Verlag Friedrich Oetinger, Hamburg

S. 124 Untitled, 1988 © Keith Haring Foundation. Used by permission.

S. 128 Dorling Kindersley Ltd

S. 129 Bill Bachman / Alamy (o.), Panos Pictures / VISUM (u.)

S. 131 Jonathan Deull / ZIP ZAP Circus School in Cape Town, South Africa

S. 136 akg-images

S. 142 © Biosphoto / Gunther Michel (o.), © Biosphoto / Ruoso Cyril (m.), Steve Bloom Images / Alamy (u.)

S. 143 WILDLIFE (o.), Avenue Images / Biosphoto (m.), © Biosphoto / Ruoso Cyril (u.), Cover: Stéphane Frattini, Der Schimpanse. Aus der Reihe „Meine erste Tierbibliothek" © Esslinger Verlag J. F. Schreiber GmbH, Esslingen

S. 148 Klee, Paul, 1938, 111 Tiere begegnen sich © VG-Bild-Kunst, Bonn 2010

S. 153 von Jawlensky, Alexey, Gesichter © VG-Bild-Kunst, Bonn 2010. Artothek (o.l., m.l.), von Jawlensky, Alexey, Gesichter © VG-Bild-Kunst, Bonn 2010. Neue Galerie, Kassel, Germany / © Museumslandschaft Hessen Kassel / The Bridgeman Art Library (o.r.), von Jawlensky, Alexey, Gesichter © VG-Bild-Kunst, Bonn 2010. Private Collection / The Bridgeman Art Library (m.r.), von Jawlensky, Alexey, Gesichter © VG-Bild-Kunst, Bonn 2010. Christie's Images Ltd - ARTOTHEK (u.l., u.r.)

S. 155 Mirjam Pressler, Kopfunter Kopfüber. Ein Bilderbuch zum Drehen. Mit Illustrationen von Julian Jusim © 1999 Carl Hanser Verlag München

S. 156 Illustration: Heidrun Boddin

S. 157 Schmetterlings-Alphabet, Kjell Sandved, in: Ulrich Vogt: ABC-Welten fächerübergreifend erfahrbar machen. Schöningh, Braunschweig 2008, Rick & Nora Bowers / Alamy (Einzelschmetterling)

S. 158 Hendrik Martensz Sorgh: Der Lautenspieler © Rijksmuseum, Amsterdam

S. 159 Miro, Joan, Interior holandes © Successió Miró / VG Bild-Kunst, Bonn 2010

S. 160 akg / ic worldwide

S. 161 akg-images

S. 162/163 From RE-ZOOM by Istvan Banyai, copyright © 1995 by Istvan Banyai. Used by permission of Viking Penguin, A Division of Penguin Young Readers Group, A Member of Penguin Group (USA) Inc., 354 Hudson Street, New York, NY 10014. All rights reserved.

S. 164 The Adventure of Reading © James Rizzi, www.james-rizzi.com. James Rizzi wird verlegt von Art28 - www.art28.com

S. 171 Charles M. Schulz, Die Buntstifte © United Feature Syndicate, Inc. / kipkakomiks.de

S. 176 Metzinger, Jean Domenique Anton, Im Radstadion © VG Bild-Kunst, Bonn 2010

S. 178 aus: Mit dem Rad durch zwei Jahrhunderte. AT Verlag Aarau, Stuttgart (o.), akg-images (u.)

S. 179 akg-images (o.), aus: Mit dem Rad durch zwei Jahrhunderte. AT Verlag Aarau, Stuttgart (u.)

S. 181 Cover: Michael Fuchs, Paul der Superheld, Kinderbuchverlag Wolff, Bad Soden 2006

S. 183 Cover: Eoin Colfer, Tim und das Geheimnis von Captain Crow © 2006 Beltz & Gelberg in der Verlagsgruppe Beltz, Weinheim & Basel

S. 184 picture-alliance / dpa (o., u.), Klaus G. Kohn, Braunschweig (m.)

S. 185 Volkmar Schulz / Keystone (o.), picture-alliance / dpa (m., u.)

S. 189 Jacques Sempé's Radfahrer. Copyright © 1998 Diogenes Verlag AG Zürich

S. 190 Klee, Paul, 1939, 638 Blumen in Stein © VG Bild-Kunst, Bonn 2010. DACS / Bridgeman Berlin

S. 204 Robert Delaunay: Rhythmus, Lebensfreude, © L & M Services B.V., The Hague 20090711

S. 217 Zoran Drvenkar, Der einzige Vogel, der die Kälte nicht fürchtet © Carlsen Verlag GmbH, Hamburg 2001

S. 223 Cover: Steinar Sörlle, Die Nacht, als keiner schlief, Übersetzung: Lothar Schneider. dtv junior, 2008

Inhaltsverzeichnis

BAUSTEINE Lesebuch 4

Erarbeitet von
Hannelore Daubert, Michelle Ferber,
Susan Krull, Ingrid Messelken
und Regina Sievert

Auf der Grundlage von
Bausteine Lesebuch 4
Herausgegeben von Siegfried Buck
Erarbeitet von Gisela Buck, Siegfried Buck,
Hannelore Daubert, Ingrid Messelken
und Luitgard Schell

Illustriert von
Andreas Fischer, Barbara Freundlieb,
Yvonne Hoppe-Engbring, Karoline Kehr
und Kathrin Treuber

© 2010 Bildungshaus Schulbuchverlage
Westermann Schroedel Diesterweg Schöningh Winklers GmbH, Braunschweig
www.diesterweg.de

Druck A⁵ / Jahr 2013
Alle Drucke der Serie A sind im Unterricht parallel verwendbar.

Redaktion: Silke Lohmeyer
Herstellung: Nicole Hotopp
Umschlaggestaltung: Visuelle Lebensfreude, Hannover, Peter Pfeiffer (Illustration),
www.biolib.de (botanische Zeichnung) , www.photocase.de (Hintergrund)
Typografie und Layout: Anke Rauschenbach, Annette Henko
Satz und technische Umsetzung: Druck- und Medienhaus Sigert, Braunschweig
Druck und Bindung: westermann druck GmbH, Braunschweig

ISBN 978-3-425-14401-6